Y FAM NEWYDD OFALGAR

Y FAM NEWYDD OFALGAR

MYFYRIO · IOGA · DELWEDDU · MEDDYGINIAETHAU NATURIOL · MAETH

GOFALU AM DY GORFF A DY FEDDWL FEL MAM DRWY'R CYFNODAU LLON A LLEDDF

DR CAROLINE BOYD

atebol

I'r triawd annwyl,

Laurie, Isla a Ruben

Cynnwys

Cyflwyniad

Mae dod yn fam yn newid bywyd. Mae tosturi gofalgar yn dy ddysgu i agor dy galon i fod yn fam, y llon a'r lleddf – gan wella'r cysylltiadau bob dydd hynny â ti dy hun, dy fabi a'r byd o dy gwmpas.

Pan ddes i'n fam gyntaf, roedd pobl yn dweud: "Cofia ymddiried yn dy reddf." Dwi'n cofio meddwl, "Iawn, ond sut ydw i'n gwybod beth yw'r greddfau hynny?" Yn raddol, fe wnes i ddeall mai proses oedd setlo i fy rôl newydd, wrth i fi ymgyfarwyddo ag awgrymiadau unigryw fy mabi a pha fath o fam oeddwn i eisiau bod. Celwydd noeth yw'r syniad bod menywod yn cael eu geni i wybod yn reddfol sut i fod yn fam, un sy'n rhan o gelwydd mwy – myth y 'Supermum', y fam orwych chwedlonol. Celwydd sy'n mynnu ein bod ni'n ymdopi, bod popeth o dan reolaeth a'n bod yn caru ein rôl bob amser. Mae'r syniad o 'fam orwych' yn deillio o ideoleg y Gorllewin, y fam mewn system batriarchaidd, sy'n thema ganolog yn y llyfr hwn. Mae llawer o'r ymchwil sy'n cael ei dyfynnu yn seiliedig yn fras ar grwpiau addysgedig Cawcasaidd – mae angen mwy o amrywiaeth, mae angen clywed mwy o leisiau. Dwi'n pwyso ar rai arferion ôl-esgor y tu hwnt i rai y Gorllewin, ond yn cydnabod bod cyfyngiadau ynghlwm wrth y rhain hefyd.

Mae realiti anniben mamolaeth yn dangos mai tasg amhosib yw bodloni disgwyliadau'r 'fam orwych'. Yn fy mhrofiad clinigol o weithio gyda theuluoedd sy'n dygymod â magu plant, mae llawer o fenywod (a dynion) yn cael trafferth, mewn pob math o ffyrdd. Wrth ysgrifennu'r llyfr hwn, dwi'n gobeithio gallu cynnig help i ti weld dy fod ti'n cael dy gydnabod a dy ddeall yng nghanol y myrdd o emosiynau sy'n codi ar y daith. Gall cael babi fod yn brofiad ysgytwol. Mae hunaniaethau, emosiynau a pherthnasoedd cyn y geni

yn mynd yn ffradach. Wrth i ti addasu, mae yna gyfle unigryw i dyfu wrth i ti ail-werthuso hen straeon a phatrymau sydd bellach yn ddi-fudd i ti.

Mae ymwybyddiaeth ofalgar yn gyfle i ganolbwyntio ar y pethau mwyaf buddiol ar unrhyw adeg benodol. Yn hytrach na chael dy gaethiwo wrth i ti ystyried dy feddyliau fel "gwirioneddau", bydd mabwysiadu safbwynt "arsylwr" yn rhoi'r nerth i ti gamu'n ôl ac ymateb â thosturi. Mae byw yn ofalgar yn help i dawelu'r synau yn y cefndir a chanolbwyntio ar yr hyn sy'n wirioneddol bwysig. Mae dirnad dy werthoedd magu plant yn dy rymuso i wneud dewisiadau sy'n addas i dy deulu *di*.

Fe fydd magu plant yn dy ysbrydoli ac yn dy brofi. Ond y neges bwysicaf sydd gen i yw ei bod hi'n hollbwysig i ti ofalu am dy hun. Anaml y byddwn fel merched yn cael ein dysgu i ofalu am ein hanghenion ein hunain, ond mae hyn yn hanfodol i'n lles. Defnyddia'r myfyrdodau, y datganiadau cadarnhaol, y delweddu, yr ioga, y cyngor maethol a'r meddyginiaethau naturiol sy'n teimlo'n iawn i ti – does dim byd yn orfodol. Mae'r llyfr yma'n gyfuniad o syniadau sy'n deillio o fy ymarfer clinigol, gwaith ymchwil a phrofiad fel rhiant. Mae aros yn chwilfrydig a myfyriol yn rhan allweddol o fod yn fam. Does dim byd yn bod ar *beidio* â gwybod yr atebion i gyd. Gobeithio y bydd y llyfr yma'n dy annog i ddatblygu perthynas fwy caredig â ti dy hun, ac i wneud lle yn dy ben a dy galon ar gyfer bod y fam rwyt *ti* am fod.

Caroline

MAGU PLANT YN OFALGAR

Mae'r pontio i fod yn fam yn dyner ac yn drawsnewidiol. Ac eto gall y pwysau i fagu plant mewn ffordd ddi-fai wneud y newid hwn yn anodd. Mae arfer tosturi gofalgar yn cynnig adnoddau i dy sefydlogi yn ystod y cyfnod hwn – fel y gelli di ddod o hyd i lonyddwch, tawelu dy fabi a chofleidio bod yn fam newydd.

CYFLWYNIAD

Bod yn fam ofalgar

Yn y bôn, mae ymwybyddiaeth ofalgar yn golygu talu sylw i'r ennyd bresennol, heb farnu, boed wrth fwydo'n ddigyffro neu wrth dawelu dy fabi. Mae'n dy alluogi i agor dy galon i'r agweddau gorau a gwaethaf ar fagu plant.

Mae'n bosib dy fod ti eisoes wedi profi'r ennyd pan wyt ti ar dy ben dy hun gyda dy fabi newydd am y tro cyntaf. Efallai i ti feddwl: 'Sut ydw i wedi cael fy ngadael i ofalu am fabi? Ydw i'n mynd i allu ymdopi?'. Mae magu plant yn un o'r tasgau mwyaf heriol fydd yn dy wynebu di byth, ac eto does dim llawlyfr. Mae'n anniben, yn rhyfeddol, yn fater o fustachu drwyddi. Mae magu plant yn ofalgar yn caniatáu i ti gysylltu â dy brofiad mewnol cyfoethog a bod yn fwy presennol gyda dy fabi – yn yr ennyd, wrth iddo ddigwydd. Mae arfer ymwybyddiaeth ofalgar yn gadael i ti ddod o hyd i ffyrdd i sefydlogi dy hun a sefyll, yn gadarn fel coeden dderw, tra bod stormydd magu plant yn rhuo o dy gwmpas.

Heb os, fe fydd dy blentyn yn sbarduno adegau o dynerwch, rhyfeddod a llawenydd, a hefyd yn ysgogi teimladau cryf ac yn profi dy amynedd i'r eithaf. Yn hytrach nag ychwanegu rhagor o bwysau, mae ymwybyddiaeth ofalgar yn help i ti hoelio sylw ar yr amrywiaeth lawn o deimladau. Mae dod yn fwy gofalgar yn dy alluogi i sylwi ar deimladau anodd fel maen nhw'n codi, yn hytrach na barnu dy hun am eu cael nhw.

Mae gwreiddiau ymwybyddiaeth ofalgar yn nysgeidiaeth y Bwdha, ac yn cael ei ddisgrifio gan y gair Sansgrit "dharma" – sy'n golygu "y ffordd mae pethau". Mae meithrin ymwybyddiaeth yn golygu hoelio sylw ar dy feddyliau, emosiynau a synwyriadau corfforol – heb eu gwrthsefyll neu gael dy faglu gan hen bryderon neu ofnau am y dyfodol.

Gall dyddiau cynnar bywyd fel mam fod yn llawn straen: mae cydnabod a derbyn beth sy'n achosi straen, gan gynnwys unrhyw emosiynau anodd, yn creu lle i gamu'n ôl, gan dy alluogi i ymateb yn hytrach nag adweithio. I ollwng gafael ar gred fod yna ffordd 'iawn' i fagu plant, ac y 'dylet' ti fod yn gwneud pethau mewn ffordd benodol. I wneud dewisiadau doeth i ti a dy fabi, a holi ti dy hun pan fydd pethau'n heriol: "Beth sydd bwysicaf fel mae pethau?".

Mabwysiadu ymagwedd ofalgar
Fe fydd defnyddio chwe philer ymwybyddiaeth ofalgar (*gweler tudalen 13*) yn help i ti ffynnu yn dy rôl newydd fel mam wrth i ti werthfawrogi gwerthoedd amynedd, derbyn, ymddiriedaeth, a llacio gafael. Mae'n debygol bod gen ti gredoau a gobeithion am ddod yn fam, a'r rheiny wedi'u dylanwadu gan gymdeithas a dy brofiadau dy hun. Efallai bod gen ti ryw syniad delfrydol am sut byddi di'n magu dy blant a sut bydd dy fabi yn ymddwyn.

Mae'n bosib y byddi di'n teimlo baich trwm disgwyliadau i fagu plant yn berffaith. Mae hyn yn gysylltiedig â myth y "fam orwych", sy'n gwneud i ni gredu bod mamau bob amser yn ddigynnwrf, yn ymdopi a bod pob sefyllfa o dan reolaeth ganddyn nhw. Mae cydnabod adegau pan fyddi di'n ymlafnio i fod yn "fam orwych" yn creu cyfle i ymateb yn ddoeth, heb deimlo'r angen i reoli pob dim.

Gall hefyd fod yn anodd cadw i fyny â'r newidiadau cyson: ambell ddiwrnod, fe fyddi di'n teimlo dy fod ti'n gwneud yn dda, yn ymdopi, yn cario'r dydd. Dro arall, fe fyddi di'n flinedig ac amheuon yn dy lethu: a thithau'n torri dy fol eisiau gwneud pethau'n "iawn". Mae meddyliau

> "Mae magu gofalgar yn caniatáu i ti dawelu'r holl sŵn allanol a hoelio dy sylw arnat ti dy hun ac ar dy fabi."

hunanfeirniadol yn aml yn codi yn sgil straen, wrth i ti labelu dy brofiad presennol fel un negyddol. Felly, os wyt ti'n teimlo'n wael, rwyt ti hyd yn oed yn barnu dy hun am deimlo'n wael. Mae dysgu ailgyfeirio dy sylw yn rhoi cyfle i ti gamu'n ôl o bwysau allanol a thawelu sgwrs feddyliol dy feirniad mewnol, gan liniaru amheuon ac ofnau.

Yng nghanol holl agweddau ymarferol bod yn fam, mae ymwybyddiaeth ofalgar yn gyfle unigryw i arafu cyflymder bywyd, wrth i ti symud i'r cyflwr o fod yn fam a dim mwy. Mae creu cysylltiad dyfnach â ti dy hun, a gyda dy fabi yn sgil hynny, yn esgor ar ryw fath o 'galon-feddalwch'. Hyd yn oed ar ddyddiau sy'n dilyn y nosweithiau mwyaf di-gwsg, bydd yr adnoddau hyn yn help i ti ddod o hyd i angor wrth i ti chwilio am dawelwch mewnol. Fe fydd yr ymarferion delweddu a gwerthoedd yn gymorth pellach i ddirnad dy ddoethineb mewnol a bod y fam rwyt *ti* am fod.

Manteision ymwybyddiaeth ofalgar

Mae ymchwil i fagu plant mewn ffordd ofalgar yn addawol, gan dynnu sylw at lawer o fanteision. Gwelwyd bod magu plant mewn ffordd ofalgar yn lleihau straen magu plant, gyda rhieni yn sôn am well perthynas â'u plant. Mae hyfforddiant grŵp ymwybyddiaeth ofalgar i famau a'u babanod wedi'i gysylltu â gwelliannau o ran lles, hunandosturi a hyder. Drwy hybu'r ymwybod gofalgar, cafodd mamau eu helpu i ymdopi â straen, ac i ymateb i'w hanghenion eu hunain yn ogystal ag anghenion eu babanod.

Mae ymchwil hefyd yn dangos bod magu plant mewn ffordd ofalgar hyd yn oed yn arwain at newid i rannau o ymennydd mamau. Mae myfyrio gofalgar yn atgyfnerthu'r cysylltiadau rhwng yr ymennydd 'meddyliol' (y cortecs cyndalcennol) sy'n gyfrifol am gynllunio a gwneud penderfyniadau, a'r ymennydd 'emosiynol' (yr amygdala a choesyn yr ymennydd).

CHWE AGWEDD AR YMWYBYDDIAETH OFALGAR

Fe fydd y 'pileri' cysylltiedig hyn yn gymorth i ti ddod yn fam ofalgar wrth i ti sylwi ar dy feddyliau a dy deimladau, gan feithrin cysylltiad agosach â dy fabi yn sgil hynny.

Meddwl dechreuwr

Mae'n debygol bod gen ti ragdybiaethau am fod yn fam. Mae meithrin meddwl dechreuwr yn golygu edrych ar bob ennyd unigryw o'r newydd – heb eu cymylu gan adweithedd a'r disgwyliadau ynglŷn â bod yn fam.

Anfeirniadol

Mae dysgu adnabod meddyliau beirniadol, gan gynnwys rhai hunanfeirniadol, yn help i ti gamu'n ôl heb gael dy fachu ganddyn nhw. Yn hytrach, sylwa ar feddyliau gyda charedigrwydd, fel "digwyddiadau meddyliol" sy'n llifo i'r golwg ac yn pasio heibio fel dail mewn nant.

Amynedd

Maen nhw'n dweud mai amynedd yw'r ffurf eithaf ar gariad. Mae ymwybyddiaeth ofalgar yn dy ddysgu i ehangu dy allu i fod yn amyneddgar pan fyddi di'n teimlo dy fod ti'n cael dy brofi. Mae gadael i fabi ddod o hyd i'w rhythm ei hun ar ei gyflymder ei hun yn gofyn am amynedd a thosturi (*gweler tudalen 18*).

Ymddiriedaeth

Mae'n hawdd i hyd a lled yr wybodaeth sydd ar gael ar-lein ac oddi ar lein dy lethu di. Mae dysgu ymddiried yn dy hun fel arbenigwraig ar dy brofiadau dy hun – a phrofiadau dy fabi – yn caniatáu i ti hoelio sylw ar dy reddf dy hun i wneud dewisiadau doeth.

Derbyn

Mae cydnabod beth sy'n digwydd, gan gynnwys cydnabod emosiynau anodd, yn help i weld y darlun ehangach. Yn hytrach na dymuno am sefyllfa benodol, mae'r eglurder hwn yn help i ti dderbyn – gan esgor ar bosibiliadau newydd.

Llacio gafael

Mae ymwybyddiaeth ofalgar yn golygu gollwng dy afael ar ddisgwyliadau amhosib, fel bod yn 'fam orwych', gan gyflwyno chwilfrydedd caredig i deimladau neu sefyllfaoedd annymunol. Anghofia'r "dylai" a'r "rhaid" sy'n gysylltiedig â bwydo a chysgu, a gad i bethau fod fel maen nhw.

Ti, dim ond ti

Gyda dyfodiad dy fabi i'r byd, bydd mam yn cael ei geni hefyd. Gall y newid enfawr hwn fod yn sioc, yn gorfforol ac yn emosiynol. Mae ymwybyddiaeth ofalgar yn cyflwyno i ti berthynas newydd, garedig â ti dy hun.

Gall y rôl newydd hon, rôl nad wyt ti o bosib yn teimlo'n barod amdani, wneud i ti deimlo'n sensitif, yn fregus iawn ac ar bigau drain. Mae'n bosib y byddi di'n teimlo cymysgedd o fraint, anghrediniaeth ac ofn wrth i ti feddwl am orfod dysgu gofalu am unigolyn bach. Mae'n bosib y byddi di'n caru dy fabi yn fwy na dim byd dan haul, ond yn dal i deimlo'n gaeth i dy gartref. Efallai y byddi di'n croesawu dy hunaniaeth newydd, ac eto'n galaru agweddau ar dy fywyd cyn i dy fabi gyrraedd. Mae'r teimladau croes yma'n normal, ac mae'r un peth yn wir am y tarfu emosiynol dwys sy'n rhan o ddyddiau cynnar bywyd fel mam.

Mamoed (*Matrescence*)
Gall deall y newidiadau mawr sy'n digwydd yn y cyfnod pontio hwn yng nghyd-destun mamoed fod yn gysur. Bathwyd y term "*matrescence*" ym 1973 gan yr anthropolegydd meddygol Dana Raphael, a'i boblogeiddio gan y seiciatrydd amenedigol Dr Alexandra Sacks. Mae'r term yn cymharu'r broses o ddod yn fam â'r newidiadau enfawr sy'n digwydd yn ystod llencyndod/glasoed. Yn union fel y mae pobl ifanc yn eu harddegau yn llywio drwy ddyfroedd emosiynol cythryblus, mae mamau'n gorfod ymdopi â newidiadau sylweddol i'r ymennydd, y corff a'r hunaniaeth. Mae tystiolaeth yn awgrymu bod ymennydd menywod yn

"Bydd addasu i dy hunaniaeth newydd yn cymryd amser. Pwyll piau hi."

newid yn ystod beichiogrwydd, ac yn aros felly am o leiaf dwy flynedd ar ôl esgor, a bod hynny'n gysylltiedig â chynnydd mewn gorbryder. Mae'r rhannau o'r ymennydd sy'n cael eu heffeithio yn gysylltiedig ag empathi a'r gallu i ddeall safbwynt rhywun arall. Y gred yw bod hyn yn digwydd er mwyn paratoi mam i sylwi ar anghenion ei babi: fel y gall ymateb i'w babi mewn ffordd sensitif ac ymateb i fygythiadau canfyddedig. Mae'n ddigon dealladwy felly fod menyw yn teimlo awydd cryf i amddiffyn ei babi a gofalu am ei anghenion. Mae natur y cyfrifoldeb yn ddigon i dy lethu di'n llwyr ar adegau. Ond arwyddion yw'r rhain fod ymennydd anhygoel y fam yn gwneud yr union bethau y mae wedi'i gynllunio i'w wneud.

Addasu i dy rôl newydd

O ran hunaniaeth, mae'r newid tempo yn aml yn synnu menywod. Efallai bod gen ti yrfa sefydledig, lle rwyt ti'n teimlo'n weddol gymwys yn dy rôl. Gall addasu i natur arafach bywyd gartref gyda dy fabi, a'r holl gyflawniadau anodd eu mesur, gymryd amser. Mewn diwylliant sy'n mesur llwyddiant yn nhermau prysurdeb a chynhyrchiant, fe allai'r diwrnodau mympwyol di-drefn hynny wneud i ti deimlo braidd ar goll. Gall pwysau digwyddiadau allanol waethygu'r teimlad o ddiffyg rheolaeth. Yn rhannol, mae hyn yn ymwneud â myth y fam berffaith, sy'n rhoi pwysau enfawr ar fenywod i ymdopi, cadw pethau dan reolaeth a bod yn fam 'dda'.

Mae'r myth pwerus hwn, sy'n cael ei wthio ar fenywod pan maen nhw'n ifanc, yn gwneud i ni gredu bod yn rhaid i ni fod yn fam orwych, yn wraig orwych, yn bopeth gorwych. Mae'n creu'r syniad bod profi unrhyw deimladau negyddol yn golygu dy fod ti'n fam wael neu'n fethiant. Ac wrth daflu pethau eraill i'r pair – newidiadau hormonaidd sylweddol, diffyg cwsg a cholli cymuned – y canlyniad yw storm berffaith bywyd y fam fodern. Pa ryfedd felly fod un o bob pump o fenywod yn profi trafferthion gyda'u hwyliau yn ystod y cyfnod amenedigol? Mae cyngor a chymorth ar gael ar dudalen 214.

Derbyn cymorth

Yr hyn sydd ei angen ar fam newydd yw teimlo ei bod hi'n cael ei chofleidio, ei chlywed a'i deall. Ac os nad yw cymdeithas yn cefnogi'r fam, daw'r perthnasoedd o'n cwmpas ni yn hanfodol. Bydd mynd ati'n ofalgar i greu dy Gylch Cefnogaeth dy hun (*gweler tudalen 78*) yn nodi anwyliaid dibynadwy yn dy rwydwaith a phwy sydd

"Gall cysylltu â ti dy hun mewn ffordd ofalgar a thosturiol fod yn drawsnewidiol."

yn y lle gorau i gynnig gwahanol fathau o gefnogaeth. Bydd dod o hyd i lwyth o ffrindiau benywaidd o'r un anian yn rhan o'r broses hon. Gan fod babi newydd yn gallu rhoi straen ar berthynas cyplau, fe fydd yr ymarferion partner yn y llyfr hwn yn help i chi gynnal eich cysylltiad lle y bo hynny'n bosib.

Y berthynas gyda dy fabi sydd wrth wraidd y teulu newydd, perthynas fydd yn ffynnu ac yn blodeuo dros amser wrth i chi ddod i adnabod eich gilydd. Fe fydd mabwysiadu agwedd ofalgar tuag at fagu plant yn help i symud yn ymwybodol o'r cyflwr "gwneud" i'r cyflwr "bod", wrth i ti ddysgu dilyn galwadau dy fabi a dod o hyd i rythm gyda'ch gilydd. Mae dysgu ffyrdd o gwmpasu dy fabi yn broses o roi cynnig arni a methu, a rhaid wrth lond gwlad o amynedd ac empathi (*gweler tudalen 68*).

Meithrin ymwybod gofalgar

Er mwyn cynnig hafan ddiogel i dy fabi, mae angen i ti ddatblygu lle mewnol diogel, yn ogystal ag estyn allan at eraill i dy gynnal di. Ar ôl geni, gall fod yn anoddach i ti bwyso ar dy ffyrdd arferol o ymdopi a theimlo'n gadarn a sefydlog. Mae cwsg ac amser i ti dy hun yn dioddef, ynghyd â'r cyfle i wneud gweithgareddau rwyt ti'n eu mwynhau. Bydd haen arall o anhawster yn codi wrth i ti deimlo cywilydd, ac wrth i ti feirniadu dy hun am ddim byd mwy na theimlo emosiynau penodol. Dyma pam ei bod hi mor bwysig dy fod yn cyflwyno dealltwriaeth a thosturi i *bob un* o dy deimladau.

Mae arfer ymwybyddiaeth ofalgar yn dy ddysgu i feithrin perthynas fwy derbyniol â ti dy hun – y dasg anoddaf un o ran magu plant, o bosib. Mae dysgu deall a chydnabod dy deimladau – cariad, ofn, dicter, tristwch – yn dy alluogi i greu lle i ymateb yn ddoeth a deall bod dy emosiynau, pa mor annymunol bynnag ydyn nhw, bob amser yn llifo ac yn pasio. Mae dod i adnabod dy fyd mewnol cyfoethog hefyd yn help i ti beidio â chael dy reoli gan ddisgwyliadau, ac i ymgyfarwyddo â'r ffaith dy fod ti'n fam 'ddigon da' (*gweler tudalen 113*).

Ymagwedd dosturiol tuag at famolaeth

Mae cariad, gan gynnwys cariad mam, yn amlochrog ac yn newid yn barhaus. Mae'n esblygu dros amser wrth ymateb i dosturi, ymdrech a gofal parhaus. I lawer o fenywod, mae cariad mam yn tyfu wrth iddyn nhw fagu hyder yn eu rôl.

Beth mae'r ymadrodd pwerus "cariad mam" yn ei olygu i ti? Mae'r cariad rhwng mam a babi yn sbarduno ymchwydd hormonaidd tebyg i gariad rhamantus. Mae eiliadau o gysylltiad yn rhyddhau ocsitocin a dopamin, gan greu teimladau o gynhesrwydd a llawenydd. Ond mae mwy i'r stori na gorfoledd breuddwydiol.

Mae ein gallu i ddysgu a thyfu fel mam yn dibynnu ar ein hamgylchedd – pa mor ddiogel ydyn ni'n teimlo, a natur y maeth a'r gefnogaeth sy'n cael eu cynnig. Mewn diwylliannau Gorllewinol, unigolyddol, gall ynysu greu straen i fenywod, wrth iddyn nhw ysgwyddo'r baich o fagu ar eu pennau eu hunain yn aml iawn.

Pwysau arall sy'n wynebu mamau modern yw'r syniad bod magu yn rhywbeth greddfol – ein bod ni'n gwybod wrth reddf beth i'w wneud. Mae'r gobeithion, y ffantasïau a'r ofnau a gyflwynwn i'n rôl newydd wedi cael eu dylanwadu gan y ffordd y cawsom ni ein magu, yn ogystal â'r 'fam orwych' fondigrybwyll (*gweler tudalen 111*). Felly dyma ni, yng nghanol yr anhrefn newydd, yn meddwl ein bod ni fod i wybod ond ar yr un pryd yn teimlo cawl o emosiynau gwahanol iawn i'r llawenydd y mae cymdeithas yn disgwyl i ni ei deimlo. Mae disgwyliadau o'r fath yn braenaru'r tir ar gyfer methu, gan gynyddu'r pwysau o fod yn fam. Y gwir amdani yw ein bod ni'n dysgu drwy wneud.

Hunanofal

Beth felly yw'r ffordd orau i lywio'r heriau? Mae teimlo cefnogaeth gan y bobl o'n cwmpas ni yn hanfodol – ond ein perthynas â ni ein hunain sydd angen y gofal a'r sylw mwyaf. Mae'r gymhariaeth â masg ocsigen awyren yn ddefnyddiol yn hyn o beth: yn union fel y mae angen i fam wisgo ei masg ei hun yn gyntaf, mae'n rhaid iddi ddysgu tawelu ei hun cyn iddi allu tawelu ei babi. Mae ymwybyddiaeth ofalgar yn ein dysgu i roi sylw tosturiol i'n corff ac i'n meddwl.

Sut mae'r ymennydd yn gweithio

Dysgu am ein hymennydd emosiynol ac "anodd" – dyna yw'r cam cyntaf tuag at ddeall trafferthion gyda'n hemosiynau. Mae dwy system wahanol ar waith yn yr ymennydd dynol – ac mae un ohonyn nhw'n gweithredu'n debyg i ymennydd anifeiliaid. Dyma'r ymennydd "emosiynol", sydd wedi esblygu filiynau lawer o flynyddoedd yn ôl, ac sy'n effro ac yn sensitif iawn i fygythiad. Greddf yr ymennydd "emosiynol" yw goroesi ac atgenhedlu, ac mae ei ffocws ar ein cadw ni a'n babi newydd yn ddiogel. Mae emosiynau sylfaenol fel ofn, dicter, a thristwch yn ffafrio ymddygiadau amddiffynnol, gan sbarduno adweithiau ymladd, ffoi neu rewi. Yr hyn sy'n ein gwahanu ni oddi wrth anifeiliaid yw ein hymennydd "meddyliol". Mae'r ymennydd hwn, yn y llabedau blaen, wedi esblygu'n fwy diweddar, ac mae'n pwyso ar ein defnydd o sylw, dychymyg a'r gallu i freuddwydio, meddwl, rhesymu a chynllunio. Yr ymwybyddiaeth uwch a'r ymdeimlad o'r hunan sy'n ein gwneud ni'n ddynol.

Y broblem yw bod y gallu i fyfyrio arnom ni ein hunain, a sut mae eraill yn ein gweld ni, yn gallu *creu* dioddefaint. Er enghraifft, os yw ein babi'n sâl neu os ydyn ni'n teimlo ein bod ni wedi methu, bydd ein hymennydd emosiynol yn herwgipio'r ymennydd meddyliol. A chawn ein caethiwo mewn cylchoedd o bryder a hunanfarnu.

Ymagwedd dosturiol

Tosturi yw'r ateb i wella dioddefaint. Mae tosturi yn ddeublyg: dewrder i wynebu dioddefaint yn ein hunain ac eraill – a chymryd cyfrifoldeb i leddfu'r dioddefaint hwnnw'n dyner ac yn gadarn.

Mae delio â'r ymennydd oriog yn rhan o'n dynoliaeth gyffredin. Mae'n waith gydol oes o gryfhau tosturi drwy fynd ati'n ymwybodol i gysylltu ag ef. Nid maldod yw hunanofal – mae'n ymwneud â dewis opsiynau tosturiol, fel dweud 'Na'. Mae tosturi gofalgar yn ein dysgu i sylwi ar emosiynau sy'n codi wrth fagu plant gyda charedigrwydd – ac mae hynny'n ein helpu i'w goddef heb feio ni'n hunain.

Mae'r addasiad o fodel tri chylch yr Athro Paul Gilbert (ar y dde) yn dangos y systemau emosiynol sy'n ein helpu i oroesi a ffynnu.

Y system fygythiad

Mae ein system fygythiad o dan ddylanwad ein genynnau a'n profiadau bywyd. Mae'n system hynod sensitif ac adweithiol. Mae straen bywyd gyda babi newydd yn esgor ar lawer o ofidiau newydd, boed yn feddyliau hunanfeirniadol nad wyt ti'n fam ddigon da, ofn cael dy farnu gan bobl eraill, neu bryderon "Beth os" sy'n gysylltiedig â diogelwch ein babi. Yn union fel y mae bygythiad i fywyd, fel ymosodiad ysglyfaethus, yn sbarduno ein system rybudd fewnol, mae'r holl fygythiadau hyn yn anfon yr un arwydd o berygl – gan ddeffro'r ymateb ymladd, ffoi neu rewi yn ein system nerfol sympathetig.

Mae tonnau o adrenalin a chortisol yn bywiogi'r corff ac yn ei baratoi i weithredu. Mae'r anadl a churiad y galon yn cyflymu. Mewn cyflwr o fygythiad sylweddol, mae ymatebion mwy ataliol yn codi, fel rhewi (teimlo wedi dy barlysu), neu dawelu (ymostwng). Dyma sut mae'r ymennydd oriog yn ein hamddiffyn ni.

Y system ysgogi

Mae'r system ysgogi yn sbarduno teimladau cadarnhaol, gan roi hwb i ni gaffael adnoddau a chyflawni nodau. Er enghraifft, teimladau o bleser sy'n gysylltiedig â chwympo mewn cariad, bwyta bwyd a chyflawni yn y gwaith. Mae'r rhain i gyd yn rhyddhau'r hormon dopamin, gan hybu ymdeimlad o gyflawniad a hunan-werth.

Ond mae rhyngweithio â bygythiad yn peryglu'r system ysgogi. Mae pobl sy'n cael eu cymell i weithio'n galed oherwydd ofn methu, neu sy'n gyson yn y cyflwr 'gwneud' er mwyn osgoi wynebu eu teimladau, yn amharu ar gydbwysedd eu system emosiynol. Mae mamau yn aml yn y cyflwr 'gwneud', yn ceisio gofalu am eu babi ar yr un pryd â gwneud gwaith tŷ ac ymdopi â baich meddyliol y fam (*gweler tudalen 186*). Mae gorfywiogi'r system hon yn arwain at flinder a lludded.

Y system ysgogi
Sbarduno teimladau cadarnhaol.

Y system leddfu
Helpu i deimlo'n fodlon ac yn gysylltiedig.

Y system fygythiad
Paratoi ein corff i ymladd, ffoi, rhewi neu dawelu.

Y system leddfu

Pan nad ydyn ni'n amddiffyn rhag bygythiadau neu'n brysur yn cyflawni, mae ein system leddfu ar waith, gan ein helpu i ymdawelu. Mae teimlo'n ddiogel yn mygu'r system fygythiad. Mae ein hymennydd wedi esblygu i ymateb i ymgeledd, ond mae'r system hon yn aml yn cael ei hesgeuluso mewn pobl – gan gynnwys mamau newydd blinedig. Mae cyrchu ein system 'gorffwys a threulio' yn hwyluso ymlyniad ac ymdeimlad o heddwch mewnol.

Yn union fel mae setlo babi drwy siglo, mwytho a siarad yn dawel yn atgyfnerthu ei system leddfu, mae angen i ni ystyried gofalu am ein system leddfu ninnau hefyd. Mae tosturi yn ymwneud â rhoi a derbyn caredigrwydd, a rhan bwysig o hyn yw dysgu tawelu ein hunain. Mae ein system leddfu yn caniatáu i ni ofalu am ein hemosiynau ein hunain, yn ogystal â dychmygu sut mae ein babi'n teimlo.

Datganiadau cadarnhaol a delweddu

Mae arfer tosturi gofalgar yn dy ddysgu i gael perthynas fwy caredig a chadarn â ti dy hun. Mae delweddu a datganiadau cadarnhaol tosturiol yn sbarduno'r system leddfu – a hynny'n dy dawelu di, ac yn ei dro, yn tawelu dy fabi.

Mae ymagwedd Bwdhaeth at dosturi yn pwyso ar drosiad y blodyn lotws yn y llaid. Y llaid yw dy ddioddefaint – teimladau a meddyliau anodd a poenus, sy'n ddigon dealladwy yn bethau rwyt ti eisiau dianc oddi wrthyn nhw. Ond mae angen llaid ar y blodyn lotws i dyfu. Felly, mae deall dioddefaint yn golygu disgyn i'r llaid, cydnabod a gofalu am rannau poenus ohonot ti dy hun, heb unrhyw feirniadaeth.

Hunangysuro

Mae tosturi gofalgar rheolaidd yn cryfhau galluoedd yr ymennydd 'meddyliol', gan dy alluogi i fod yn ymwybodol o donnau dwys o emosiwn. Rwyt ti'n dysgu adnabod arwyddion bod y tonnau'n tyfu, a dod o hyd i ffyrdd i gysylltu â diogelwch yn hytrach na chael dy ysgubo i ffwrdd gan y llif. Rwyt ti wedyn yn gallu dewis ffordd ddoeth i ymateb. Fe fydd yr ymarferion delweddu

"Anghofia'r frwydr yn erbyn gorbryder, dicter a thristwch, er mwyn rhyddhau dy hun i flodeuo fel mam."

yma yn help i ti feithrin dy hunan tosturiol drwy ymwybod gofalgar o deimladau cryf heb farnu (*gweler tudalen 80*), ac yn tawelu dy feirniad mewnol (*gweler tudalen 126*). Dos ati i ymarfer ymdawelu gyda datganiadau cadarnhaol a delweddau i dawelu'r hunan pryderus neu ddig, wrth i ti adnabod a gwneud lle ar gyfer emosiynau anodd (*gweler tudalennau 170 a 172*). Mae'r ymarferion hyn yn tanio'r system leddfu – gan dy alluogi i fod yn gwbl bresennol gyda dy fabi, ac i fynd i'r afael â theimladau cryf wrth iddyn nhw ymddangos. Maen nhw hefyd yn dysgu i ti faddau a derbyn dy hun wrth i ti ddod y fam rwyt ti am fod (*gweler tudalen 188*).

Y manteision

Mae llawer o fanteision i ganolbwyntio'n ofalgar ar y pethau rwyt ti'n ddiolchgar amdanyn nhw, gan gynnwys perthnasoedd cryfach, a theimlo'n fwy hapus, iach a gobeithiol. Yn bwysig iawn i famau, mae diolchgarwch yn help i ymdopi â straen (*gweler tudalen 114*).

Mae ymchwil yn dangos bod ymarfer dyddiol hanner awr dros wyth wythnos yn arwain at newidiadau i ymennydd pobl nad ydyn nhw erioed wedi arfer tosturi. Gall cynnal myfyrdodau caredigrwydd cariadus rheolaidd newid ein genynnau (*gweler tudalen 76*). Oherwydd bod bywyd rhiant yn anochel yn ein symud i'r cyflwr bygythiad, mae hon yn daith barhaus – ond gydag ymarfer, gallwn newid ein hymennydd a'n geneteg.

Anadlu a myfyrio

Gall straen bod yn fam achosi i famau bendilio rhwng y cyflwr "bygythiad" a'r cyflwr "gwneud". Defnyddia dy anadl fel angor i ddod â thawelwch, eglurder ac egni newydd i'r dasg o ofalu am dy fabi.

Mae'n hawdd teimlo wedi dy orlwytho gan faich yr holl dasgau beunyddiol di-ben-draw, pan wyt ti wedi blino'n lân ac yn ansicr a wyt ti'n gwneud pethau'n "iawn". Mae ysbeidiau o deimlo wedi dy orlethu, boed yn gysylltiedig â dy fabi'n crio neu'r rhestr ddiddiwedd o bethau i'w gwneud, yn sbarduno adwaith ffisiolegol cryf yn y corff (*gweler tudalen 20*). Yn y cyflwr bygythiad, rwyt ti'n anadlu'n fas. Mae hynny'n dileu'r gallu i 'fod' gyda dy brofiad. Rwyt ti'n gallu cael dy lyncu gan feddyliau negyddol fel 'Dydw i ddim yn ddigon da' neu 'Mae fy mabi i mor anodd'. Mae'n bosib dy fod ti'n beirniadu dy hun am deimlo'n isel, yn bryderus neu'n ddig oherwydd dy fod ti wedi mewnoli negeseuon am ba mor 'dda' y dylai mamau deimlo. Mae hyn yn creu cywilydd – gan borthi'r cylch negyddol o feddyliau, teimladau a synwyriadau corfforol.

Sut felly mae torri'r cylch dieflig hwn? Dyma oedd gan y seiciatrydd a'r seicotherapydd Viktor Frankl i'w ddweud: *"Between stimulus and response there is a space. In that space is our power to choose our response. In our response lies our growth and our freedom."* Ffordd syml ond ffordd bwerus o greu'r gofod hwnnw yw canolbwyntio'n ofalgar ar yr anadl. Mae'n

"Defnyddia dy anadl i ymdawelu, i adfer dy allu i feddwl, er mwyn i ti allu ymateb yn ofalgar i dy fabi."

ANADLU RHYTHM LLEDDFOL

Mae Anadlu Rhythm Lleddfol (SRB neu 'Soothing Rhythm Breathing') yn arafach ac yn ddyfnach nag anadlu arferol, gan sbarduno'r system leddfu a dy symud i'r cyflwr 'bod'.

Mae angen ymestyn dy asgwrn cefn, meddalu dy wyneb a chanolbwyntio'n dyner ar dy anadl. Anadla i mewn yn bwrpasol, gan gyfrif i dri ar yr anadl i mewn. Oeda, yna cyfrif i dri ar yr anadl allan. Y syniad yw ymestyn pob anadl i mewn ac allan, gan ddod o hyd i rythm a chyflymder sy'n addas i ti. Unwaith rwyt ti wedi dechrau ymdawelu, anadla allan am amser hirach. Cyfra i dri ar bob anadl i mewn, ac i chwech wrth anadlu allan. Mae ymestyn yr anadl allan yn sbarduno'r ymateb ymlacio, gan dawelu meddyliau a theimladau anodd.

deg dweud na allwn ni gael gwared ar ein holl broblemau wrth anadlu. Ond mae'r anadl yn cysylltu'r ymwybodol a'r anymwybodol – gan uno'r meddwl, y corff a'r emosiynau – ac o ganlyniad, mae modd ei ddefnyddio i reoleiddio'r system nerfol.

Anadlu

Mae cyfeirio sylw at dy anadl, er enghraifft, pan fydd dy fabi yn crio yn rhoi cyfle i ti oedi. Mae anadlu gofalgar yn tawelu troellau meddyliol gorlethol, gan greu gofod meddyliol ac adfer dy allu i feddwl. Fe fydd yr ymarferion byr yn y llyfr hwn yn help i reoleiddio dy hun ar adegau o straen. Mae'n bosib i ti ddefnyddio anadlu rhythm lleddfol (uchod) fel cam cyntaf, er mwyn dy helpu i ymdawelu cyn myfyrio, gwneud datganiadau cadarnhaol neu ddelweddu wrth i ti fwrw ymlaen â dy ddiwrnod. Rho gynnig ar y dechneg anadlu hon pan fyddi di'n berwi'r tegell, yn mynd â dy fabi allan (*gweler tudalen 116*), neu cyn bwydo (*gweler tudalen 90*).

Myfyrio

Wyt ti'n meddwl tybed pam mae'r llyfr hwn yn awgrymu myfyrio i famau newydd, pan mae ganddyn nhw gymaint i'w wneud eisoes? Mae straen yn disbyddu egni emosiynol gwerthfawr, ac mewn diwylliant sy'n clodfori prysurdeb, mae'n hanfodol i'r ymennydd a'r corff gael cyfle i ymlacio – i leddfu straen ac i adnewyddu'r system nerfol. Ar ben hynny, mae sbarduno cyflwr o ymlacio (hyd yn oed am bum munud i ddeg munud) yn ddigon i roi hwb newydd i'r egni. Mae hyn yn ymwneud ag edrych o'r newydd ar hunanofal: dydy dechrau a gorffen dy ddydd gyda chyfnodau byr o fyfyrio ddim yn hunanol nac yn ddiog. Mae'n hanfodol i'r ymdeimlad o'r hunan, ac yn gyfle i ail-lenwi dy ffynnon egni cyn iddi sychu. Mae hawlio'r amser hwn i ti dy hun yn gofyn am ymdrech fwriadol – does yna neb arall yn mynd i wneud hyn ar dy ran di. Mae dilyn yr ymarferion hyn yn tanio'r system leddfu yn fwriadol. Bydd hynny'n rhoi'r gofod i ti ac yn dy gwmpasu di, a hynny yn ei dro o fudd i dy fabi.

Myth yw'r syniad bod angen clirio'r meddwl cyn myfyrio. Mae'r ymennydd a'r corff yn llifo'n gyson: ac mae dwyster meddyliau, emosiynau a synwyriadau corfforol yn amrywio o hyd. Os wyt ti'n eistedd i fyfyrio am gyfnod byr (*gweler tudalen 54*) neu'n mwynhau ambell ennyd ofalgar bob dydd (*gweler tudalennau 72 ac 82*), rwyt ti'n dod yn fwy effro ac yn fwy cyfarwydd â dy fyd mewnol. Mae cyfeirio sylw gofalgar yn fewnol yn dy alluogi i fynd i'r afael â beth bynnag sy'n codi, heb farnu. Mae hynny'n cynnwys sylwi ar unrhyw emosiynau neu deimladau poenus. Er yn annymunol, fe fyddi di'n dod i weld meddyliau fel 'digwyddiadau meddyliol' – a'u cydnabod gyda charedigrwydd a gadael iddyn nhw fynd. Y cyfan mae'r ymennydd oriog yn ei wneud yw ceisio dy amddiffyn. Rwyt ti hefyd yn dysgu bod emosiynau poenus a synwyriadau corfforol yn newid yn barhaus – fel tonnau, maen nhw'n cyrraedd uchafbwynt ond yn chwalu bob tro. Rwyt ti'n dysgu ymddiried yn dy allu i ymdopi gyda'r teimladau hyn tra maen nhw yno. Dydyn nhw ddim yn mynd i dy ddinistrio di. Mae myfyrio yn dy ddysgu i ddeall a meithrin dy emosiynau, yn hytrach na brwydro yn eu herbyn nhw neu gilio oddi wrthyn nhw. Yn hytrach nag ymateb, fe elli di ddewis ymateb yn dosturiol, ar dy ran di ac ar ran dy fabi.

Manteision myfyrio

Mae manteision cronnol myfyrio yn cynnwys cryfhau rhannau o'r ymennydd sy'n gysylltiedig â rheoleiddio emosiynol ac empathi, fel y cortecs cyndalcennol, yr hipocampws a'r inswla (*gweler tudalen 12*). Mae'r newidiadau cadarnhaol hyn yn yr ymennydd o fudd sylweddol i iechyd emosiynol a chorfforol, gan gynyddu'r hyblygrwydd i dalu sylw a derbyn. Mae ymchwil yn dangos bod myfyrio yn gwella ansawdd cwsg, yn rhoi hwb i hwyliau a lles ac yn lleihau cyfraddau iselder. Canfu un astudiaeth fod myfyrio yn lleihau hwyliau negyddol, mewn perthynas â dysgu i fod yn chwilfrydig am deimladau anodd.

Gair i gall

Os yw canolbwyntio dy sylw ar dy anadl neu ar dy gorff yn peri gofid i ti, oherwydd profiadau corfforol anodd neu am ei fod yn sbarduno teimladau cryf, dechreua drwy ganolbwyntio dy sylw tuag allan, tuag at y gofod o dy gwmpas (*gweler tudalen 116*). Os wyt ti'n parhau i brofi adegau o orlethu rheolaidd, siarada â rhywun rwyt ti'n ymddiried ynddo ac estyn allan am gefnogaeth (*gweler tudalen 214*).

> "Fe fydd myfyrio yn dod â helaethrwydd a hyder i dy rôl fel mam."

Meddyginiaethau naturiol

Fe fydd y meddyginiaethau a'r defodau naturiol hyn – mae llawer ohonyn nhw'n pwyso ar ddoethineb hynafol – yn dy helpu i gael ymdeimlad o dderbyn ymgeledd, o gael dy ddigoni ac o dderbyn gofal. Mae lles y fam yn ganolog i'r meddyginiaethau therapiwtig a chyfannol hyn.

Dydyn ni ddim wedi cael ein gwneud i fagu ein babi ar wahân, ond mae mamau yn aml yn gwneud hynny yn niwylliannau'r Gorllewin. Yn yr oes a fu, fe fyddai'r meddyginiaethau diogel a naturiol yn y llyfr hwn wedi cael eu trosglwyddo o genhedlaeth i genhedlaeth gan neiniau a oedd yn byw gerllaw. Mae modd defnyddio rhai ochr yn ochr ag opsiynau meddygol, tra bod eraill yn fwy dwys yn therapiwtig oherwydd eu bod yn cynnig mwy o ofal cyfannol. Mae'n bwysig trafod opsiynau gydag ymarferydd gofal iechyd yn gyntaf.

Mae dysgu blaenoriaethu ti dy hun yn hanfodol, o ran adfer ac o ran dy ymdeimlad o ti dy hun fel mam, yn ogystal â bod o fudd i dy fabi. Mae'n werth meithrin ymagwedd dosturiol, ofalgar tuag atat ti dy hun i helpu i'r corff wella, ac i dy gynnal yn emosiynol drwy straen a phwysau magu plant.

Y gofal gorau i'r perinëwm

Ar ôl geni, rho gynnig ar wneud padiau lleddfu poen oer i leddfu cleisio a llid y wain (*gweler tudalen 94*). Rhyw ddeuddydd ar ôl esgor, gofynna i dy bartner neu ffrind dibynadwy ofalu am y babi tra'r wyt ti'n ymlacio mewn bath cynnes perlysieuol i hyrwyddo iachâd y perinëwm (*gweler tudalen 99*).

"Dewis personol yw'r meddyginiaethau hyn – dewisa'r rhai sydd orau i ti."

"Blaenoriaetha dy hun a chofia anrhydeddu dy angen i adfer dy nerth."

Gofal ôl-esgor

Mae llawer o famau newydd yn teimlo'n bryderus am y syniad o'u coluddion yn cael eu gweithio am y tro cyntaf ar ôl geni, ac mae powdr psyllium yn feddalwr carthion naturiol (*gweler tudalen 56*). I reoli unrhyw orbryder, hoelia dy sylw ar yr anadlu rhythm lleddfol (*gweler tudalen 25*), oherwydd bydd hyn yn ymlacio llawr y pelfis.

Bydd pecynnau oer, eli rhisgl (*witch hazel*) oer a bath perlysieuol i gyd yn helpu i leddfu llid a chrebachu haemoroidau (*gweler tudalennau 94 a 99*). Byddai'n werth ystyried yfed tonigau hylifol er mwyn rhoi hwb i dy lefelau egni ar ôl colli gwaed. Mae'r rhain yn ddewis amgen da i atchwanegion solet (*gweler tudalen 56*).

Meddyginiaethau bwydo ar y fron

Fe weli di newidiadau amlwg i dy fronnau wrth i ti ddechrau cynhyrchu llaeth, gan gynnwys gorlenwi, sef pan fydd dy fronnau'n teimlo'n galed ac yn llawn iawn. Bydd gosod dail bresych oer ar dy fronnau yn lleddfu anghysur (*gweler tudalen 56*), a bydd bwydo aml yn lliniaru gorlenwi.

Olewau aromatherapi

Er mwyn ymdopi pan fyddi di'n teimlo wedi dy lethu, defnyddia olewau hanfodol i sadio dy hun (*gweler tudalen 132*). Fe elli di bwyso ar dy sgiliau ymwybyddiaeth ofalgar a defnyddio dy anadl fel angor (*gweler tudalen 25*), gan anadlu arogl dy hoff olew hanfodol ar hances. Wrth i dy fabi dyfu, fe wnei di sylwi ar bocedi bach o amser 'fi' yn dechrau dod i'r amlwg. Os oes gen ti bartner, neilltua ychydig o amser i ailgysylltu drwy gyffwrdd, gan ddefnyddio cymysgedd unigryw o olewau aromatherapi ar gyfer tylino synhwyraidd (*gweler tudalen 196*).

Hyrwyddo cwsg

Mae diffyg cwsg yn rhan annatod o fod yn fam, ond dydy hynny ddim yn golygu bod rhaid i ti dderbyn blinder fel dy dynged. Rho'r flaenoriaeth i orffwys pan fydd modd gwneud hynny gan greu defodau ymgeleddus cyn mynd i'r gwely er mwyn hyrwyddo ymlacio (*gweler tudalen 165*). Fe allai hynny gynnwys yfed te llysieuol (*gweler tudalen 118*) neu ddefnyddio olewau hanfodol lleddfol (*gweler tudalen 165*).

Arferion seiliedig ar symud a natur

Mae symud yn gwneud cymaint o les, gan ein symud ni allan o'n pennau ac i mewn i'n cyrff. Mae cysylltu â natur mewn ffordd ofalgar, yn enwedig trochi mewn dŵr, yn ein helpu i wella a phuro, gyda hynny'n lleihau straen ac yn hybu'r hwyliau.

Gall addasu i emosiynau llon a lleddf magu plant fod yn anodd. Gall straen godi ochr yn ochr â'r llawenydd a'r rhyfeddod, gyda cholli cwsg, ynysu, heriau bwydo ac 'ysbrydion magu' (*gweler tudalen 151*) yn sbarduno teimladau anodd. Gan fod ffrwyno'r teimladau hyn yn llyncu egni emosiynol gwerthfawr, mae angen i ni fynd ati'n fwriadol i adnabod natur y teimladau yn ein cyrff. Wrth i ni sylweddoli bod emosiynau yn gysylltiedig â synwyriadau corfforol, gallwn wrando ar ein cyrff. Mae ymwybyddiaeth gorfforol yn rhoi rhyddid i oedi a gwneud dewisiadau doeth wrth ymateb i'n hanghenion – boed yn orffwys, bwyta gofalgar, cerdded, nofio neu ddweud 'na' i rywbeth sydd ddim yn flaenoriaeth i ni. Mae'r hoelio sylw hwn yn gofyn am ymarfer, a gall rhoi genedigaeth sbarduno teimlad o ddiffyg cysylltiad â'n corff. Mae ymwybyddiaeth

"Mae profi diffyg pwysau mewn dŵr yn teimlo'n gymaint o ryddhad o'i gymharu â natur gorfforol dyletswyddau mam."

ofalgar yn ein dysgu ni i roi sylw i'n profiad mewnol, a chydnabod doethineb ein corff; mae'n dweud cymaint am ein dioddefaint. Rydyn ni'n dysgu ymgeleddu teimladau cryf gyda thosturi a charedigrwydd.

Therapi glas

Gall trochi mewn dŵr esgor ar dawelwch, rhoi hwb i ffocws a lles, lleihau pryder, ysgogi creadigrwydd, gwella ansawdd cwsg a lleihau poen. Gall hyd yn oed edrych ar luniau o'r môr, neu ei ddelweddu yn y meddwl fel 'Lle Arbennig' (*gweler tudalen 134*), fod yn lliniarol.

Mae nofio yn enghraifft wych o ymarfer corff llai heriol. Os wyt ti'n gallu goddef tymheredd isel, bydd plymio i ddŵr oer yn dy lusgo i'r ennyd bresennol. Bydd hyd yn oed taflu dŵr rhewllyd ar dy wyneb yn ddigon i sbarduno'r system leddfu (*gweler tudalen 168*). Y gred yw bod llawer o fanteision i nofio dŵr oer, gan gynnwys lleihau pryder, rhoi hwb i hwyliau ac imiwnedd, a chanolbwyntio sylw ar yr anadl, y corff a'r gofod o gwmpas. Mae ymdeimlad o gyflawniad a gorfoledd llesmeiriol fel arfer yn dilyn wrth ddod allan o'r dŵr, wrth i'r corff grynu, yn iasol a gwefreiddiol.

Therapi gwyrdd
Mynd allan i'r awyr agored yw'r ffordd fwyaf sicr o hybu egni a hwyliau – i ti a dy fabi. Mae peth wmbreth o dystiolaeth yn tynnu sylw at fanteision emosiynol a chorfforol mynd i fannau gwyrdd – felly rho gynnig ar fynd am dro myfyriol ym myd natur (*gweler tudalen 116*).

Mae bod mewn lleoliadau naturiol yn ein helpu i leddfu straen – ac i wneud hynny'n gyflym. Mae pedwar i chwe munud o gyswllt â lle naturiol o'i gymharu â lle trefol yn hwb sylweddol i ymlacio. Mae ymwybyddiaeth synhwyraidd yn fwy effro, a ffocws sylw yn cael ei wella. Mae llawer o fanteision iechyd meddwl i therapi ymarfer corff gwyrdd, fel garddio a cherdded, gan gynnwys rhoi hwb i hyder a hunan-werth. Mae gweld gwyrddni mewn llun hyd yn oed yn ddigon i weithredu fel balm tawel ac iachusol.

Ioga
Mae'n bosib y byddi di'n teimlo nad yw dy gorff yn gwbl gyfan yn eiddo i ti ar y pwynt hwn – fe fydd ystumiau ioga syml yn help i ti adfer ffydd yn dy gorff, a chefnogi perthynas fwy tyner ag ef. Mae pob cadwyn o symudiadau yn y llyfr hwn wedi'i haddasu ar gyfer pob cam ôl-enedigol; cofia deilwra'r drefn yn ôl yr hyn

> "Bydd cysylltu â natur yn dy helpu i leddfu straen – a bydd yn lliniaru dy system nerfol."

sy'n addas i ti. Fe elli di ddechrau drwy wneud sawl ystum o'r gadwyn gyntaf (*gweler tudalennau 138–45*) ac, wrth i ti adennill egni, ychwanegu ambell un arall. Mae'r ystumiau hyn wedi'u cynllunio i gefnogi hyblygrwydd, craidd cryf a ffocws. Fe fydd ystumiau fel "troad gorweddog" (*gweler tudalen 177*) yn helpu i fynd i'r afael â thensiwn yn dy gefn a dy ysgwyddau.

Bydd neilltuo dim ond 10 munud o lonydd ar fat ioga yn ffordd wych o sbarduno tawelwch a chysylltiad â'r corff. Mae anadlu gofalgar yn creu lle i wrando ar yr hyn sy'n digwydd yn fewnol, mae'n lleddfu'r system nerfol, ac yn caniatáu i ti adfywio. Fe fydd defnyddio'r anadl fel angor yn help i ddatgysylltu oddi wrth feddyliau ymwthiol di-fudd (*gweler tudalen 25*).

Mae'r ystumiau adferol yn dy annog i ymgeleddu dy system leddfu. Mae ystumiau wyneb i waered fel "coesau i fyny'r wal" (*gweler tudalen 181*) yn llesol i dy galon ac yn ail-gydbwyso dy egni. Mae'r ystum "gorwedd ochrol" (*gweler tudalen 145*) yn ffordd hyfryd o orffwys wrth fwydo dy fabi.

Tylino babi

Mae cyffwrdd addfwyn drwy dylino babi yn creu cysylltiad go iawn. Mae mwytho tyner yn sbarduno system leddfu'r fam a'r babi, gan gynhyrchu ocsitosin a theimladau o dawelwch a chysylltiad. Yn Asia, mae tylino babi yn un o ddefodau sefydledig magu babi, ac mae wedi dod yn fwy poblogaidd yn niwylliannau'r Gorllewin.

Mae rhieni yn tystio i fanteision cadarnhaol tylino babi, gan gynnwys teimlo'n fwy hamddenol, yn agosach at eu babi, ac yn fwy hyderus wrth ddarllen awgrymiadau'r babi. Yn ogystal, mae astudiaethau wedi dangos manteision tylino babi cynamserol mewn wardiau newydd-anedig. Mae hefyd yn ffordd hyfryd i bartneriaid neu neiniau a theidiau greu cwlwm â'r bychan (*gweler tudalennau 102–7*).

Maeth

Mae'r broses o greu a geni babi yn gosod gofynion enfawr ar y corff, gan ddisbyddu maetholion a chronfeydd wrth gefn. Dewisa fwydydd sy'n llawn maetholion, a fydd yn rhoi hwb i dy egni a dy hwyliau gan dy helpu i adennill dy gryfder.

Gall y newid cyflwr trawsnewidiol hwn fod yn dipyn o ergyd i dy gorff – gan ei amddifadu o ficrofaetholion allweddol (fitaminau a mwynau), a macrofaetholion (proteinau, carbohydradau a brasterau). Ychwanega newidiadau hormonaidd, straen a diffyg cwsg i'r pair, a dyna i ti rysáit ar gyfer disbyddiad ôl-enedigol.

Ymagwedd ofalgar tuag at fwyd

Mae'r tri mis cyntaf, neu'r 'pedwerydd trimis', yn amser i swatio gyda dy fabi newydd-anedig – er budd y babi, ac er budd y fam hefyd. Mae angen gwrthsefyll y disgwyliadau Gorllewinol i "fownsio yn ôl" ar ôl geni heb ymdrech na chefnogaeth. Fe fyddai ein hynafiaid wedi magu plant mewn grwpiau. Roedd mamau newydd yn dysgu gan famau hŷn, gan fanteisio ar eu doethineb a'u cefnogaeth, agwedd sy'n parhau hyd heddiw mewn diwylliannau cyfunolaidd. Mae'r diwylliannau hyn yn rhoi amser i'r fam orffwys a gwella, i ffwrdd o'r pwysau beunyddiol (*gweler tudalen 78*). Mae mamau newydd hefyd yn cael eu rhoi ar ddeiet arbennig o fwydydd llawn maetholion.

"Mae ymagwedd ofalgar at fwyta yn golygu gwrando ar dy gorff a gwneud dewisiadau doeth a maethlon."

"Mae pwyso ar draddodiadau Dwyreiniol sy'n anrhydeddu gofal ôl-esgor a pharchu a phorthi mamau newydd yn syniad da."

Maeth i'r corff a'r ymennydd

Yn y dyddiau ar ôl geni, pwysa ar draddodiadau Asiaidd drwy gynhesu dy gorff gyda chawliau maethlon a photes esgyrn llawn protein i hybu iachâd (*gweler tudalen 52*).

Mwynha'r "enfys" o ffrwythau a llysiau, fel ffrwythau ciwi, aeron coch, pupurau a sbigoglys, a fydd yn dy helpu i adfer maetholion coll (*gweler tudalen 52*). Mae angen i ti hefyd ailgyflenwi dy lefelau haearn ar ôl colli gwaed yn ystod y geni (*gweler tudalen 74*). Cofia yfed digon o ddŵr i gynnal lefelau hydradu da.

Deiet cytbwys

Mae deiet ôl-enedigol iach a chytbwys yn gofyn am ffynonellau da o galsiwm a phrotein (*gweler tudalen 88*); carbohydradau sy'n rhyddhau'n araf; brasterau iach; a ffibr (*gweler tudalen 52*), i gynnal lefelau egni.

Mae bwydo ar y fron yn fuddiol i dy fabi, ond gall ddisbyddu maetholion pwysig o dy gorff. Mae'n bwysig ategu dy ddeiet gyda fitaminau allweddol, gan gynnwys fitaminau A, C, ac E (*gweler tudalen 85*).

Bwyta'n dda

Bydd straen a diffyg cwsg yn chwarae hafoc gyda dy hwyliau a dy lefelau egni. Mae'n bwysig nad wyt ti'n hepgor prydau – fe fydd lefelau siwgr dy waed yn gostwng, gan beri i ti deimlo'n wan, fel pe bai dy gwpan ar fin gorlifo. Mae bwyta'n ofalgar yn golygu gwrando ar dy gorff pan fyddi di'n llwglyd neu'n sychedig, a blaenoriaethu dy anghenion di (*gweler tudalen 122*). Gwna frechdan neu gwna'n siŵr fod byrbrydau iach wrth law i ti eu bwyta cyn tendio i dy fabi – hyd yn oed os yw'n crio. Fe fyddi di angen egni i'w gysuro!

Gall dewis bwydydd sy'n llawn tryptoffan, fel twrci, a magnesiwm, fel afocados a chodlysiau, roi hwb i dy hwyliau a dy les (*gweler tudalen 129*). Er mwyn sicrhau'r iechyd hirdymor gorau posib, mae'n werth siopa a choginio'n ofalgar (*gweler tudalen 191*).

Cysylltu â gwerthoedd

Bydd dy werthoedd yn gweithredu fel cwmpawd, gan dy dywys ar dy daith fel mam. Byddan nhw'n dy rymuso i wynebu heriau a gwneud penderfyniadau, gan wneud i ti deimlo boddhad a chyflawnder yn dy rôl fel rhiant.

Pa fath o fam wyt ti'n gobeithio bod? Gall fod yn gwestiwn digon anodd i'w ateb, a thithau newydd gychwyn ar daith hir magu plant. Ond mae'n gwestiwn gwerth chweil i gnoi cil arno fel rhan o'r newid cyflwr tyner hwn, boed hwn yn fabi cyntaf, neu'n ail, yn drydydd neu'n bedwerydd babi. Mae dy werthoedd craidd yn cysylltu â'r hyn sy'n rhoi ystyr a phwrpas i ti mewn bywyd – y pethau sy'n wirioneddol bwysig i ti.

Mae ymchwil yn dangos bod byw bywyd yn unol â dy werthoedd yn porthi dy les emosiynol. Tro'n ôl at y syniad ohonot ti dy hun fel coeden dderw: dychmyga mai dy werthoedd di yw'r canghennau, elfen gynhenid o bwy wyt ti a'r hyn sy'n bwysig i ti. Mae rhai o'r canghennau hyn yn fawr, ac eraill yn llai amlwg. Ond mae'r holl ganghennau yn cynrychioli'r hyn sydd fwyaf gwerthfawr i ti yn dy fywyd – y gobeithion, y credoau a'r gweithredoedd sy'n dy helpu i ffynnu a bwydo'r straeon rwyt ti'n eu ffafrio am dy hunaniaeth.

Defnyddio'r ymarferion gwerthoedd

Bydd yr ymarferion myfyriol yn y llyfr hwn yn gymorth i ti archwilio dy

"Gofynna i ti dy hun: pa weithred fach galla i ei gwneud heddiw er mwyn bod y fam dwi am ei bod?"

werthoedd fel mam (*gweler tudalen 136*), ac yn taflu goleuni ar ganghennau sydd wedi llithro allan o'r golwg dros dro. Bydd cysylltu â dy werthoedd yn dy rymuso i ddefnyddio dy reddf famol i wneud yr holl benderfyniadau cymhleth sy'n wynebu mamau bob dydd. Bydd yn caniatáu i ti deimlo'n fwy bodlon gyda dy ddull o fagu, ac yn help i benderfynu pa gyngor i'w anwybyddu a pha gyngor i'w dderbyn (*gweler tudalen 130*).

Dewis dy werthoedd craidd

Dewisa bump neu chwech o werthoedd sy'n bwysig i ti (mae rhestr o syniadau isod). Y gwerthoedd rwyt ti'n eu dewis yw'r canghennau arweiniol – y rhain sy'n dy helpu i deimlo'n gadarn ac yn un â ti dy hun. Nid nodau yw gwerthoedd, ond gweithredoedd parhaus sy'n rhoi pwrpas i fywyd. Ar adegau heriol, hwyrach y bydd angen i ti fod yn hyblyg gyda nhw. Ond ceisia aros yn driw i dy werthoedd mewn ffordd sy'n ddigon da.

GWERTHOEDD CRAIDD

Cysylltiad	Pŵer	Cyfeillgarwch
Cyfraniad	Traddodiad	Cariad
Ymddiriedaeth	Antur	Twf
Creadigrwydd	Ysbrydolrwydd	Cyfiawnder
Teulu	Cymuned	Caredigrwydd
Cydraddoldeb	Dilysrwydd	Parch
Cydnabyddiaeth	Hwyl	Doethineb

CROESAWU DY FABI

Mae rhoi genedigaeth yn ddigwyddiad anferthol, a daw llu o emosiynau dwys i'r amlwg yn ystod y 48 awr gyntaf ar ôl i dy fabi ddod i'r byd. Fe fydd datganiadau cadarnhaol sy'n sadio yn dy angori'n gadarn wrth i ti a dy fabi fwynhau cynnig cysur i'ch gilydd. Mae cyngor gwerthfawr am borthi'r corff ôl-esgor ar gael hefyd.

CYFLWYNIAD

Y dyddiau cyntaf

Ar ôl cyfarfod â dy fabi newydd, mae'n bosib y cei di orwynt o emosiynau dwys. Gorfoledd, rhyddhad, hapusrwydd, balchder, a theimlad o gael dy orlethu gan gariad. Efallai y byddi di hefyd yn ddideimlad, yn flinedig, yn siomedig ac yn ddagreuol.

Mae disgwyl i famau deimlo chwa o gariad naturiol tuag at eu babi newydd, ar sail y myth bod creu cwlwm yn digwydd yn naturiol. Ond y gwir yw, rydyn ni'n gwybod bod bron hanner y menywod sy'n dod yn famau am y tro cyntaf yn sôn am deimladau o ddifaterwch – weithiau oherwydd blinder pur. Cofia, mae'n cymryd amser i ddod i adnabod dy fabi.

Waeth a wyt ti wedi rhoi genedigaeth drwy'r wain neu doriad Cesaraidd, mae geni yn ddigwyddiad aruthrol. Yn syth wedyn, efallai y byddi di'n profi synwyriadau corfforol fel ysgwyd neu gyfog wrth i adrenalin adael y corff, yn enwedig ar ôl genedigaeth anodd. Mae'n hollol normal i ti ymgolli ynot ti dy hun ar ôl profiad mor angerddol.

Mae ymagwedd ofalgar ar ôl geni yn golygu cydnabod yr holl deimladau wrth iddyn nhw godi, a defnyddio dy anadl i angori dy hun drwy'r tonnau o banig neu orlethu. Defnyddia ddatganiadau sadio a gwrthrychau personol (*gweler tudalen 50*)

"Mae'n bosib y byddi di'n teimlo'n wantan a bregus ar ôl geni. Wrth i dy fabi gael ei eni, rwyt tithau hefyd yn cael dy eni fel mam."

i reoli unrhyw hyrddiadau emosiynol ar ôl esgor. Ynghyd â datganiadau cadarnhaol ar gyfer cydnabod teimladau anodd yn dilyn geni trafferthus (*gweler tudalen 62*), fe fydd y technegau gofalgar hyn yn dy annog i drin dy hun yn addfwyn wrth i ti addasu i dy rôl newydd.

Yr awr gyntaf

Mae'r awr gyntaf ar ôl geni yn cynnig cyfle clos a phwysig (ond nid hanfodol) ar gyfer creu cwlwm. Mae dy gorff yn dal i fod gartref i dy fabi, wrth i ti afael ynddo yn dy freichiau ar unwaith. Wrth gael eu rhoi i orwedd ar y fam, mae'r rhan fwyaf o fabanod newyddanedig yn meddu ar y gallu anhygoel i 'gropian' at y fron i ddechrau bwydo. Mae'r sugno hwn yn llenwi'r fam a'r babi ag ocsitosin, ac yn gyfle i syllu ar eich gilydd, gan sbarduno teimladau o gariad a rhyfeddod. Yn ddiweddarach, wrth i ti ddechrau cynhyrchu llaeth, mae'r hormon prolactin yn arwydd o ryddhau llaeth, gan ysgogi teimladau o dawelwch a boddhad.

Creu cwlwm cychwynnol â dy fabi

O'r eiliad y bydd dy fabi'n cyrraedd, bydd yn ceisio creu cysylltiad yn reddfol. Rydych chi'ch dau yn dechrau "dawns ryngweithio": yn reddfol, bydd dy fabi'n ymdawelu neu'n ymddiddori yn yr awgrymiadau ar dy wyneb, cyswllt llygad a sŵn cyfarwydd dy lais. Gall y myfyrdod

STORI MAM

Mi oeddwn i mewn arswyd llwyr ar ôl i ni ddod adref. Mae'r dyddiau cyntaf hynny i gyd yn teimlo'n ddigon niwlog rŵan. Dwi'n cofio teimlo ar ben fy nigon, ond mor wantan, emosiynol a bregus ar yr un pryd. Rhwng y sioc, y boen a'r llawenydd, y prif beth ar fy meddwl i oedd gwneud yn siŵr fod Nia'n saff. Mi oeddwn i'n poeni am wneud rhywbeth o'i le. Yn mwydro fy mhen efo gwneud yn siŵr ei bod hi wedi cael ei lapio'n gynnes a thymheredd yr ystafell yn iawn. Mi ddechreuodd pethau fynd yn drech na fi. Y diffyg cwsg, y tethi dolurus, poen o'r episiotomi, nerfau wedi pinsio – mi oedd y cyfan mor feichus, er cymaint o gefnogaeth roeddwn i'n ei chael gan y bydwragedd a fy nheulu. Ond er gwaetha'r ofn, roedd yna hefyd eiliadau o ryfeddod a llawenydd llwyr.

Mared, mam Nia

anadlu ar dudalen 54 dy helpu i ddod o hyd i gydamseredd gyda dy fabi yn ystod y cyfnod arbennig hwn.

Cyswllt croen wrth groen

Fe fydd creu seibiant gofalgar ar gyfer creu cwlwm croen wrth groen o fudd o ran hybu agosatrwydd at dy fabi. Mae cyswllt croen wrth groen hefyd yn hwyluso bwydo ar y fron ac yn lleihau straen ac iselder. Mae'r agosrwydd hwn o fudd i dy fabi hefyd, gan reoleiddio ei anadlu, tymheredd ei gorff a'i system nerfol. Os nad oes modd i ti gael cyswllt croen wrth groen, paid â phoeni. Mae yna ddigon o gyfleoedd i greu cwlwm â dy fabi drwy gyffwrdd a chysylltu'n ofalgar (*gweler tudalen 54*). Dydy hi byth yn rhy hwyr.

Newidiadau emosiynol

Yn y dyddiau cynnar, wrth i ti ganolbwyntio'n llwyr ar dy fabi newydd, mae teimladau emosiynol ac amddiffynnol iawn yn bosib. Mae'r cyflwr hwn o ymwybyddiaeth ddwys, ymgolli mamol sylfaenol, yn dy alluogi i fod ar yr un donfedd â dy fabi ac ymateb yn sensitif i'w anghenion. Ond gall teimlo mor gytûn â dy fabi fod yn llethol ar adegau, a gall ysgogi pryder a thaerineb – pan mae'n crio, er enghraifft. Mae hyd yn oed yn gallu creu tensiwn gyda phartner y fam os yw'r partner yn teimlo ei fod yn cael ei wthio o'r neilltu. Mae'n gysur cael gwybod mai rhywbeth dros dro yw'r ymgolli dwys hwn, sy'n gallu teimlo'n llethol, ac mae'n hollol normal.

Newidiadau corfforol

Yn ogystal â'r tarfu emosiynol a hormonaidd, mae geni yn cael effaith enfawr ar y corff hefyd. Yn ffisiolegol, mae'n bosib dy fod ti'n profi poen ac anghysur, yn enwedig os wyt ti wedi cael episiotomi, pwythau neu wedi rhwygo. Ar ôl toriad Cesaraidd, sy'n llawdriniaeth abdomenol fawr, bydd unrhyw beth sy'n defnyddio cyhyrau'r stumog – fel eistedd, troi drosodd a cherdded – yn boenus. Ar y cyd â chyffuriau lleddfu poen priodol, mae tabledi arnica yn feddyginiaeth gyffredin i hyrwyddo iachâd a lleihau unrhyw chwyddo (*gweler tudalen 56*).

Waeth sut wnest ti roi genedigaeth, mae gwaedu gweiniol trwm yn gyffredin yn y dyddiau cyntaf wrth i'r corff waredu leinin y groth. Cofia drefnu bod gen ti gyflenwad da o badiau mamolaeth, a gwna'n siŵr bod digon o haearn yn dy ddeiet (*gweler tudalen 74*) oherwydd bydd dy lefelau haearn yn cael eu disbyddu wrth golli gwaed.

Mae poenau ôl-enedigol yn bosib hefyd wrth i gyhyrau'r groth gywasgu yn ôl i'w maint arferol ar ôl geni. Rho gynnig ar anadlu gofalgar (*gweler tudalen 60*) i helpu i reoli'r boen.

Amser i adfer

Mae'n cymryd amser i'r corff wella ar ôl rhoi genedigaeth, yn enwedig os oedd yr enedigaeth yn un drawmatig. Os wyt ti'n teimlo na chest ti'r enedigaeth roeddet ti wedi gobeithio'i chael, neu na chest ti dy drin â charedigrwydd a pharch a dy fod angen help neu gyngor pellach, gweler tudalen 214.

Yn niwylliannau'r Gorllewin, mae disgwyl i'r addasu ar ôl geni ddigwydd yn gyflym ac yn ddiffwdan. Mewn rhannau eraill o'r byd, mae arferion ôl-esgor yn cydnabod yr angen i'r fam adfer, felly mae angen trin dy hun yn garedig drwy'r cyfnod hwn.

"Ffrwyna dy ddisgwyliadau ar yr adeg glos ac unigryw hon, a phaid â bod ofn gofyn am help."

Cyfarfod â dy fabi

Ar ôl natur gorfforol a chyntefig geni, mae'r foment fawr rwyt ti wedi bod yn edrych ymlaen ati wedi cyrraedd o'r diwedd. Mwynha agosatrwydd y munudau cyntaf hynny wrth i ti gyfarfod â dy fabi newydd gwerthfawr. Gwerthfawroga ryfeddod y bywyd newydd hwn rwyt ti wedi'i greu.

1

Cyflwyna bresenoldeb agored a chynnes i'r person bach hwn y doi di i'w adnabod. Gyda theimladau o ryfeddod, rhyddhad a thynerwch, sylla'n dyner ar wyneb dy fabi. Cyflwyna wên dyner a diolchgar i'r ennyd heddychlon hon.

2

Sylwa ar nodweddion tlws dy fabi. Edrycha'n gariadus i fyw ei lygaid hardd sy'n agor yn araf i weld ei fyd newydd. Teimla lyfnder sidanaidd ei groen.

3

Rhyfedda at y bysedd a'r bysedd traed bychan. Anadla'i arogl melys wrth iddo orffwys yn dy freichiau.

4

Hoelia dy sylw ar unrhyw synau y mae'n eu gwneud. Siarada â dy fabi, gan ei leddfu gyda dy eiriau tyner. Mae'n gyfarwydd â dy lais o'i amser yn y groth. Cana gân a allai fod yn gyfarwydd o'r cyfnod pan oedd yn byw y tu mewn i ti.

5

Rhyfedda at wyrth dy fabi. Teimla fywiogrwydd y cysylltiad sy'n llifo rhyngoch chi o un eiliad i'r llall. Gad i ti dy hun amsugno dwyster tawel eich cyd-lonyddwch. Oeda i werthfawrogi mai ti greodd y babi bach hwn.

6

Bydd yn agored i'r hyn bydd dy fabi yn ei ddysgu i ti wrth i chi rannu taith antur magu plant. A bydd ffyddiog y byddi di'n gallu pwyso ar dy ddoethineb mewnol dy hun ar y daith. Ymgolla yn hyfrydwch yr ennyd a gwna fwriad gofalgar i gymryd pob dydd, a phob awr fel maen nhw'n dod.

Rheoli emosiynau dwys

Waeth a fydd dy fabi yn cael ei eni yn yr ysbyty neu gartref, gwna'n siŵr fod gen ti becyn cymorth hunangysuro wrth law. Bydd datganiadau cadarnhaol a gwrthrychau sadio yn help i ymdopi â'r adegau llawn adrenalin ar ôl y geni.

1

Dos ati'n ymwybodol i greu nyth o dawelwch i ti a dy fabi.

2

Os wyt ti gartref, pyla'r goleuadau neu defnyddia ganhwyllau. Gofynna i dy bartner geni ysgwyd dy obenyddion yn rheolaidd a gwranda ar dy restr chwarae geni neu ar gerddoriaeth sy'n creu awyrgylch.

3

Os wyt ti yn yr ysbyty, mae canhwyllau LED yn ffordd dda o greu golau lleddfol, a gwisga glustffonau i wrando ar gerddoriaeth heddychlon. Paid ag anghofio gobenyddion cyfforddus, mwgwd llygaid a phlygiau clustiau. Byddai mynd â llun o anwyliaid yn syniad da hefyd.

4

Cadwa dy hoff bersawr neu olew hanfodol, jasmin neu lafant efallai, neu hances bersawrus wrth law. Anadla'r arogl cyfarwydd i dy sadio ar adegau pan fyddi di'n teimlo wedi dy lethu.

5

Pwysa ar ddatganiadau cadarnhaol i dy sadio pan fydd hyrddiadau o banig neu orlethu yn codi eu pennau. Rho enwau i dy deimladau. Dychmyga nhw fel tonnau – yn hytrach na cheisio'u gwrthsefyll, fe elli di ddysgu eu syrffio.

6

Yn dyner, dwed dy ddatganiadau lliniarol i ti dy hun. Fe fydd y rhain yn dy dawelu, gan ymlacio'r corff a'r meddwl. Dewisa dy ddatganiadau dy hun neu defnyddia'r datganiadau isod:

**"Pan ddaw'r tonnau yma,
maen nhw'n annymunol –
ond diflannu wna'n nhw."**

"Dwi'n teimlo'n __________ (enwa'r emosiwn/emosiynau) a dwi'n ddiogel."

**"Mae teimladau dwys fel hyn
yn normal ar y pwynt yma.
Bydd pob dim yn iawn."**

Bwydydd ôl-esgor maethlon

A thithau'n canolbwyntio ar dy fabi, bydd meithrin tosturi tuag atat ti dy hun yn hanfodol ar gyfer dy adferiad. Mae gwneud dewisiadau gofalgar am y bwyd rwyt ti'n ei fwyta yn rhan allweddol o atgyfnerthu.

Fe fydd bwyta bwydydd ffres a maethlon yn help i ti wella'n gorfforol, a hefyd yn rhoi'r egni sydd ei angen arnat i ofalu am dy fabi. Cofia yfed digon o **ddŵr** a chynnal lefelau hydradu da, yn enwedig os wyt ti'n bwydo ar y fron. Bydd **potes esgyrn** llawn colagen yn cryfhau dy gorff gydag asidau amino, ac yn hwb i dy adferiad corfforol. Mae'r potes llawn protein hwn yn arbennig o fuddiol ar gyfer atgyweirio meinwe, gan helpu dy gorff i ymdopi â diffyg cwsg a straen ar ôl geni.

Er mwyn lleddfu rhwymedd ôl-esgor – cwyn gyffredin ymhlith mamau newydd – mae'n bwysig bwyta digon o ffibr. Anela am 30 gram y dydd drwy fwyta'r "enfys" o ffrwythau a llysiau, er enghraifft, **ffrwythau ciwi**, **afalau**, **mefus**, **mafon** a **melonau cantaloupe** (*ar y dde*). Fe elli di ychwanegu **pupurau**, **moron**, neu **sbigoglys** i stiwiau neu saladau, neu chwistrellu **hadau llin** mâl ar uwd.

ANADLU A MYFYRIO

Swigen y fam a'i babi

Mae'n bwysig creu swigen gyda dy fabi newydd ar gyfer cwtshys croen wrth groen. Dilyna'r myfyrdod hwn pan fydd dy fabi yn dawel i arafu curiad eich calonnau, gan gyflwyno ymwybod gofalgar i leddfu'r ddau ohonoch.

1

Gwna dy hun yn gyfforddus gyda dy fabi, croen wrth groen. Ymlacia drwy anadlu'n ddwfn a thyneru dy wyneb.

2

Gollynga dy ysgwyddau wrth adael i dy gorff a dy feddwl ymdawelu. Hoelia dy sylw ar dy anadlu. Sylwa ble mae hi hawsaf i ti deimlo neu synhwyro'r anadl.

3

Teimla bwysau cynnes dy fabi yn gorwedd arnat, croen wrth groen. Sylwa sut mae ei gorff bach yn codi gyda phob un anadl i mewn. Ac yna gyda phob anadl allan, sylwa ar ei gorff yn disgyn ar yr un pryd wrth i tithau hefyd anadlu allan.

4

Ceisia anadlu i'r un rhythm â dy fabi. Er mwyn cefnogi ymdeimlad o bresenoldeb tyner, ynganа'r gair "tawel" yn dy ben wrth anadlu i mewn. Yna, gyda phob anadl allan, yngana'r gair "rhwydd" neu "hawdd".

5

Efallai y bydd meddyliau a theimladau yn mynd a dod. Efallai y bydd dy feddwl yn gwibio i bob cyfeiriad ac ar chwâl. Mae hynny'n iawn – yn dyner, tywys dy sylw yn ôl i dy anadl. Dal ati i fwynhau'r agosatrwydd hwn gyda dy fabi, gan fod hynny'n dod â chysur iddo.

6

Caria'r teimladau cynnes, hamddenol yma gyda ti am weddill y dydd. Er mwyn lleddfu'r ddau ohonoch chi, mae'n hawdd ailadrodd yr ymarfer ar unrhyw adeg.

Meddyginiaethau ôl-esgor iachusol

Mae dy gorff wedi bod drwy brofiad rhyfeddol. Mae problemau ôl-esgor cyffredin yn cynnwys perinëwm dolurus, rhwymedd a bronnau'n gorlenwi. Rho gynnig ar y meddyginiaethau lleddfol hyn i hyrwyddo iachâd.

Mae'r broses o esgor a geni yn rhoi straen ar dy system dreulio, gan arwain at rwymedd neu wynt caeth. Gwasgara lond llwy de o **bowdr *psyllium*** i wydraid o ddŵr fel dull naturiol o feddalu'r carthion. Er mwyn adfer lefelau egni ar ôl colli gwaed yn ystod geni, mae **tonig hylif** – sy'n cynnwys haearn organig, perlysiau a fitaminau – yn well nag atchwanegion solet. Er mwyn lleddfu anghysur y perinëwm, mae **tabledi arnica** yn feddyginiaeth lysieuol boblogaidd ar gyfer lleihau llid.

Ar ôl ychydig o ddyddiau, gall y broses o gynhyrchu llaeth wneud i'r bronnau deimlo'n chwyddedig, yn galed ac yn boeth. Mae bwydo aml yn lleddfu gorlenwi, ynghyd â gosod clytiau gwasgu o ddail bresych oer ar y bronnau. Golcha ddail gwyrdd **bresych Safwy** (*ar y dde*) a'u rhoi mewn oergell. Yn ôl yr angen, gosoda ddail ar y mannau poenus am hyd at 20 munud. Paid â'u gadael nhw'n hirach oherwydd fe allan nhw sychu'r cyflenwad llaeth.

Bwydydd ôl-enedigol maethlon

Yn ystod y cyfnod esgor, mae'n bosib mai bwyta oedd y peth olaf ar dy feddwl di, felly mae'n bosib y byddi di ar lwgu ar ôl geni. Dathla dy gyflawniad drwy fwynhau dy hoff fwydydd.

Mae llawer o fenywod yn sôn bod y baned o de a'r tost maen nhw'n eu cael ar ôl geni yn blasu'n well nag unrhyw baned a thost maen nhw erioed wedi'u cael. Does dim angen pryd mawr ffansi i ddathlu ar ôl geni, ond mae'n gyfle i wobrwyo dy hun. Yn ddelfrydol, pacia fyrbrydau blasus a maethlon yn dy fag geni. Mae **datys**, **ffigys** neu **fricyll sych** (*ar y chwith*) naturiol felys yn opsiynau da. Mae'n werth cofio mai'r cyngor yw bwyta ychydig yn aml ac yfed digon, a bydd byrbrydau sy'n llawn ffibr yn helpu i dreulio bwyd.

Mae'n bosib dy fod ti wedi gweld colli rhai bwydydd pan oeddet ti'n feichiog, fel pysgod amrwd, cig gwaedlyd neu wyau meddal. Os oes modd trefnu hynny, fe fyddi di'n mwynhau pob cegaid o **sushi** neu **stêc** gwaedlyd! Ceisia wneud un o dy brydau cyntaf ar ôl dod adref yn un arbennig. Dewisa fwydydd gyda digonedd o brotein a maetholion o ansawdd da fel haearn (*gweler tudalen 74*).

Archwilio poenau geni

Bydd archwilio dy berthynas â phoen yn help i ti ymateb yn wahanol i synwyriadau corfforol dwys. Dilyna'r myfyrdod anadlu hwn i ymdopi â phoenau ôl-enedigol neu anghysur yn dilyn llawdriniaeth.

1

Meddylia am dair elfen poen: yr elfen synhwyraidd (synwyriadau corfforol o boen), yr elfen emosiynol (sut wyt ti'n teimlo mewn perthynas â'r boen), a'r elfen wybyddol (siarad meddyliol neu ddelweddau).

2

Dechreua sylwi ar dy anadl. Os yw dy sylw yn cael ei dynnu at unrhyw synwyriadau heriol, ceisia eu henwi. Wyt ti'n sylwi ar unrhyw dynhau, poen neu wynegu? Sylwa ble mae'r synwyriadau yma ar eu gwaethaf.

3

Ystyria'r synwyriadau hyn gyda chwilfrydedd caredig ac agored. Efallai y byddi di'n sylwi nad ydyn nhw'n sefydlog ond yn hytrach eu bod yn newid yn barhaus.

4

Os yw'r tonnau o anghysur yn parhau, dwed wrth dy hun yn dyner: "Dwi'n croesawu'r synwyriadau yma, fel arwydd o'r hyn dwi wedi'i gyflawni wrth eni fy mabi. Fe fydd y poenau hyn a roddodd fywyd i fy mabi yn pasio maes o law."

5

Mae'n bosib y byddi di'n profi siarad meddyliol neu ddelweddau negyddol, neu deimladau o wrthwynebiad i'r boen. Sylwa ar beth bynnag sy'n dod i'r amlwg, heb farnu.

6

Tywys dy sylw yn ôl at dy anadl. Cyfra "un" ar yr anadl i mewn a "dau" ar yr anadl allan. Wrth i ti anadlu allan, sylwa ar ymdeimlad o ryddhau a llacio dy afael.

Gwneud synnwyr o'r annisgwyl

Os na ches ti'r enedigaeth roeddet ti wedi gobeithio'i chael, neu dy fod ti wedi profi genedigaeth anodd, yna mae'n bosib y byddi di'n teimlo'n fregus ar ddechrau dy daith fel mam. Y peth pwysicaf yw cydnabod ac ymateb i dy deimladau.

1

Os na ches ti'r cyfle i wneud dy ddewisiadau dy hun, mae'n bosib y byddi di'n teimlo'n siomedig, yn euog neu'n fethiant. Os wyt ti'n teimlo na ches ti dy gefnogi, dy fod wedi teimlo'n ofnus neu nad oedd gen ti lais, cofia nad dy fai di oedd hynny o gwbl.

2

Parcha a gwna le i unrhyw emosiynau dwys wrth iddyn nhw godi eu pennau. Os wyt ti'n teimlo'n ddagreuol, gad i dy hun grio. Os wyt ti'n teimlo'n ddideimlad, mae angen i ti gydnabod y teimladau hynny gyda charedigrwydd.

3

Dychmyga dy fod ti, fel pob mam newydd arall, wedi cael sgrepan yn anrheg. Mae'r sgrepan yn drwm, yn llawn o bwysau teimladau anodd fel euogrwydd a chywilydd. Mae'n bosib sbarduno euogrwydd gan ddisgwyliadau amhosib o drwm ar ysgwyddau menywod – felly does ryfedd fod codi'r sgrepan mor anodd!

4

Ar dy daith, fe fydd angen i ti ddadbacio'r sgrepan. Ceisia siarad gyda phobl eraill. Gall deall dy deimladau o euogrwydd helpu i ysgafnhau dy faich.

5

Os nad wyt ti'n gallu dod o hyd i'r geiriau, rho gynnig ar y datganiadau cadarnhaol lleddfol hyn i atgoffa dy hun cystal wyt ti'n ei wneud a pha mor bell wyt ti wedi dod.

"Fe wnes i a fy mabi ein gorau glas. Doedd o ddim yn hawdd, ond fe wnes i ymdopi, ac rydyn ni gyda'n gilydd."

"Nid fy mai i oedd o bod yr enedigaeth heb ddilyn y cynllun gwreiddiol. Dydw i ddim yn fethiant."

"Fe wnes i ddod â fy mabi i'r byd. Dwi'n anhygoel. Dwi'n ddigon."

"Fe wna i wella, gydag amser."

"Fi yw'r union beth sydd ei angen ar fy mabi."

SWATIO GYDA DY FABI

Gad i dy hun greu nyth i ti a dy fabi yn ystod y chwe wythnos gyntaf. Yn ystod y cyfnod arbennig hwn, defnyddia feddyginiaethau naturiol, cyngor maethol ac ioga i wella a chryfhau dy gorff. Gall bwydo fod yn heriol, felly defnyddia fyfyrio i dy helpu i ymdopi. Os wyt ti'n cael trafferth, cofia estyn allan am gymorth.

CYFLWYNIAD

Swatio gyda dy fabi

Gall yr wythnosau cynnar deimlo fel storm emosiynol wrth i ti addasu i fywyd gyda dy fabi newydd. Mae'n bwysig cofio y bydd yn cymryd amser i dy gorff wella, ac mae'r cyfnod hwn yn ymwneud â rhoi caniatâd i ti dy hun orffwys.

Gwna dy orau i anwybyddu unrhyw bwysau i fod ar dy draed ac i fod yn gwneud pethau. Rwyt ti'n dal i wella o effeithiau corfforol geni, ac yn dysgu ymdopi â'r holl bethau mae'n rhaid i fam eu gwneud. Ystyria'r pedwerydd trimis fel cyfle i wella a swatio gyda dy fabi, naill ai yn y gwely neu dy barth 'zen' bwydo (*gweler tudalen 86*), i ail-greu cynhesrwydd ac agosatrwydd y groth.

Mae'n bosib y byddi di'n teimlo fel pe bai dy fywyd wedi cael ei droi wyneb i waered, fel pe baet ti wedi mynd i rywle arallfydol. Mae'n bosib y byddi di'n llwyddo i fynd allan o'r tŷ efo dy fabi ambell ddiwrnod, ond fe fydd yna ddyddiau pan na fyddi di'n cael cawod nac yn gwisgo hyd yn oed. Pwyll piau hi. Mae pendilio rhwng y dyddiau da a'r dyddiau ddim cystal yn normal, yn enwedig o ystyried hormonau a phatrymau cwsg anwadal.

Yr wythnosau cyntaf

Gall y dyddiau cynnar fod yn flinedig. Ac eto, ar wahân i'r holl agweddau ymarferol ar dy fywyd fel mam, mae'n bosib y byddi di'n meddwl yn dawel bach beth yn union wyt ti'n ei wneud drwy'r dydd gartref gyda dy fabi? Mae'r bennod hon yn cyflwyno syniadau pwysig sy'n ymwneud â chwmpasu a'r "ddawns rhoi a derbyn" a ddylai roi sicrwydd i ti dy fod ti'n gwneud *llawer iawn mwy* na dim byd.

O'r eiliad y bydd dy fabi'n cael ei eni, bydd yn cyfathrebu â ti ym mhob ffordd o fewn ei allu. Efallai y byddi di'n teimlo fel cyw dditectif, yn ceisio dehongli unrhyw gliwiau wrth iddo grio, gyrglo, gwgu, ymestyn ac – yn fuan iawn – gwenu. Angen bwyd? Angen cysur? Rhy oer? Mewn poen? Mae babanod yn dod i'r byd yn llawn teimladau a chyflyrau corfforol pwerus a chythryblus. Maen nhw angen dy help di i wneud synnwyr o'u teimladau mewnol dryslyd ac anghyson wrth iddyn nhw addasu i'w byd allanol newydd.

Bwydo

Mae sefydlu bwydo yn ystod yr wythnosau cynnar yn gofyn am egni corfforol ac emosiynol. Os wyt ti'n cael trafferth bwydo ar y fron, rho gynnig ar gyswllt croen wrth groen gyda dy fabi. Mae astudiaethau'n dangos bod y cyswllt agos hwn yn cynyddu cyfraddau llwyddiant. Mae rhywfaint o anghysur cychwynnol yn ystod bwydo yn gyffredin (*gweler tudalen 101*); gall hynny fod yn gysylltiedig â gorbryder, a gall hynny yn ei dro greu tensiwn. Rho gynnig ar feddyginiaethau naturiol (*gweler tudalen 56*) a myfyrio (*gweler tudalen 90*) i helpu.

Efallai y byddi di'n torri dy galon, am bob math o resymau dilys, os nad wyt ti'n gallu bwydo ar y fron. Ond mae yna lu o gyfleoedd eraill i greu cwlwm â dy fabi, er enghraifft, tylino dy fabi (*gweler tudalen 102*), lle rwyt ti'n hoelio dy sylw ac yn ymateb yn sensitif i awgrymiadau'r un bach. Mae hyn yn rhan allweddol o roi a derbyn wrth i ti a dy fabi ryngweithio ac ymdrechu'n fwriadol i ddeall eich gilydd. Yn aml, gall trafferth bwydo ar y fron beri i'r fam deimlo ei bod hi wedi methu, ond mewn gwirionedd dyma yw mam a babi yn dysgu gyda'i gilydd. Mae dysgu adnabod awgrymiadau dy fabi yn cymryd amser. Meddylia am dy hun fel arsylwr chwilfrydig, gan ddilyn arweiniad dy fabi.

Cwmpasu

Mae cwmpasu'n disgrifio'r broses o "afael" yn emosiynau dwys dy fabi a'u prosesu – heb i ti dy hun gael dy lethu. Rwyt ti wedyn yn "trosglwyddo" y teimladau annioddefol yn ôl i dy fabi ar ffurf haws i ymdopi â nhw. Mae'r broses hon yn gwneud i dy fabi deimlo ei fod wedi cael ei glywed a'i ddeall, gan ei dawelu a pheri iddo deimlo'n ddiogel. Er enghraifft, pan fydd dy fabi yn crio, mae'n bosib y byddi di'n dweud: "Druan â ti, dwi'n gallu clywed dy fod ti wedi ypsetio. Mae Mam yma ac mae popeth yn iawn."

Bydd gafael yn dy fabi yn gorfforol yn ei gwmpasu hefyd. Weithiau, mae babanod yn crio'n groch pan fyddan nhw heb ddillad, a hynny am eu bod nhw'n teimlo mor fregus, fel pe baen nhw'n "disgyn yn ddarnau". Mae'n bosib dy fod ti wedi sylwi bod lapio dy fabi yn dynn yn dy freichiau yn gwneud iddo deimlo'n glyd ac yn ddiogel. Drwy afael, suo, defnyddio llais addfwyn ac edrych ar dy fabi'n dyner, rwyt ti'n tawelu'r teimladau mawr, brawychus mae'n eu profi. Mae'r holl weithredoedd cariadus hyn yn sbarduno system leddfu dy fabi. Mae darparu hafan ddiogel i dy fabi yn rhan bwysig o ymlyniad, ac yn caniatáu iddo ddatblygu ymdeimlad o'r hunan, a, dros amser, y gallu i leddfu ei hun.

Wrth gwrs, bydd yr holl gwmpasu hyn yn effeithio ar dy derfynau emosiynol di. Yn union fel gyda'r masg ocsigen (*gweler tudalen 18*): er mwyn i ti allu gyd-deimlo â dy fabi, mae angen i ti allu lleddfu dy hun neu fe fydd dy ben yn gorlenwi. Mae terfynau cwpan emosiynol pawb yn wahanol, yn dibynnu ar bethau penodol sy'n creu straen i ni a'n profiadau unigryw ni ein hunain. Gall fod yn arbennig o anodd fel rhiant sengl, neu os wyt ti'n byw gyda chyflwr iechyd, plentyn ag anableddau neu nifer o blant. Os wyt ti'n teimlo wedi dy orlethu mor aml fel nad wyt ti'n gallu mwynhau bywyd bob dydd gyda dy fabi, siarada â rhywun rwyt ti'n ymddiried ynddo. Mae cwmpasu dy fabi yn golygu dysgu sut i wahanu pa deimladau sy'n "perthyn" i ti fel y fam a pha rai sy'n "perthyn" i dy fabi. Mae hyn yn gofyn am gryn egni emosiynol, yn enwedig pan wyt ti'n ceisio ymdopi â diffyg cwsg hefyd!

Derbyn cefnogaeth

Felly pwy sy'n dy gynnal di fel mam? O ystyried y lefelau ynysu sy'n wynebu rhieni, mae mynd ati'n ymwybodol i greu dy gylch cefnogaeth dy hun yn hanfodol er mwyn i ti deimlo wedi dy gwmpasu (*gweler tudalen 78*). Mae rhoi caniatâd i ti dy hun orffwys a chymryd amser i ti dy hun hefyd yn bwysig i dy bwyll a dy hunan-werth. Enghreifftiau fyddai rhannu »

“” STORI MAM

Bwydo oedd y peth anoddaf i fi ei wynebu fel mam newydd. Roeddwn i'n benderfynol o fwydo ar y fron oherwydd fy mod i wedi darllen am y manteision, ond roeddwn i'n gwybod nad oedd e bob amser yn hawdd. Am yr ychydig wythnosau cyntaf, roedd fy nhethi mor boenus a prin iawn oedd 'na unrhyw laeth. Roedd fy mab yn ddiamynedd pan oedd yn llwglyd ac fe fyddai'n sgrechian os nad oedd y llaeth yn dod mas yn ddigon cyflym, felly roeddwn i'n aml yn ei fwydo o botel. Roedd fy rhieni'n rhwystredig am fy mod i'n mynnu dal ati i fwydo ar y fron. Fe wnes i ffonio llinell gymorth yn fy nagrau fwy nag unwaith. Roedd pethau'n hollol wahanol gyda'r ail blentyn. Roedd yn cydio ar y fron yn syth ac roedd 'na ddigon o laeth.

Siwan, mam Cai a Rhodri

"Mae cael help yn gynnar yn arwydd o gryfder ac ymrwymiad i wella pethau i ti a dy fabi."

baich gydag anwylyd, gwneud ymarfer myfyrio byr (*gweler tudalen 76*), gwneud amser i gael bath hamddenol (*gweler tudalen 98*), neu atgoffa dy hun o dy ddatganiadau cadarnhaol lleddfol (*gweler tudalen 96*). Mae'r rhain i gyd yn ffyrdd o dawelu'r system nerfol ac i wneud i dy ben deimlo'n llai llawn.

Sbardunau ar gyfer bregusrwydd

Gall bod yn fam sbarduno a deffro agweddau bregus o'n bod a all fod wedi'u rhoi o'r neilltu yn ddiarwybod – yn enwedig wrth ymdopi â newidiadau mawr i'r ymennydd a'r corff, heb sôn am hormonau anwadal. Rydyn ni i gyd yn dod â'n syniadau a'n straeon ein hunain i'n profiad o fod yn fam. Gallai ein cyd-destunau unigol, megis disgwyliadau diwylliannol, profiadau plentyndod, trawma, adfyd, anawsterau beichiogi, colli babi a phrofiadau o deimlo'n "wahanol" (cysylltiedig â hil, dosbarth a rhywioldeb, er enghraifft), i gyd gynyddu ein bregusrwydd.

Codi llais

Mae'r syniad o "fam orwych" yn ategu'r gred *y dylai* mamau wybod – felly gall estyn allan am gymorth fod yn anodd iawn. Mae llawer o fenywod yn poeni y bydd rhannu eu teimladau yn onest yn arwain at gael eu barnu fel mam wael neu anghymwys – neu'n waeth fyth, y bydd eu babi'n cael ei gymryd oddi arnyn nhw. Mae ofnau o'r fath yn rhwystr go iawn i famau newydd siarad yn agored.

Ymddiried mewn eraill

Mae arfer tosturi gofalgar yn cynnig ffordd fuddiol a maddeugar i angori dy hun yn ystod y cyfnod cynnar cythryblus. Ond mae hefyd yn bwysig estyn allan at ffrindiau, teulu a gweithwyr iechyd proffesiynol dibynadwy a all dy helpu i wneud synnwyr o dy brofiadau. Mae ansawdd y gefnogaeth yn allweddol, felly gwna'n siŵr dy fod ti'n gofyn i unigolion cefnogol yn hytrach na rhai a fydd yn dy feirniadu neu'n dy danseilio. Mae cyngor ar geisio cymorth ar gael gyferbyn ac ar dudalen 214.

ADNABOD ANAWSTERAU EMOSIYNOL

Gall bywyd fel mam dy wthio at ben dy dennyn, ond dydy profi trafferthion ddim yn dy wneud di'n fam wael. Mae'n hollbwysig i ti ddeall pam wyt ti'n teimlo fel hyn a dy fod yn chwilio am gymorth er mwyn i ti gael help.

Trawma geni

Mae un o bob tair menyw yn profi rhyw agwedd ar eni sy'n drawmatig, yn ofidus a/neu'n frawychus. Mae'n bosib y byddi di'n profi ôl-fflachiadau, hunllefau neu atgofion ymwthiol o'r esgor, ac y byddi di'n osgoi cael dy atgoffa am unrhyw agwedd ar y profiad.

Y felan

Mae'r rhan fwyaf o fenywod yn profi'r "felan" tua thri i bedwar diwrnod ar ôl geni, a hynny oherwydd newidiadau hormonaidd. Hwyrach y byddi di'n teimlo'n ddagreuol, yn isel dy hwyliau ac yn orbryderus. Mae angen mynd i'r afael o ddifri ag unrhyw drafferthion y tu hwnt i'r pythefnos cyntaf.

Seicosis ôl-esgor

Mae hwn yn gyflwr difrifol ond prin sy'n effeithio ar tua un o bob 1,000 o fenywod. Mae arwyddion yn cynnwys mania, rhithweledigaethau, gorbryder a rhithdybiau. Mae seicosis ôl-esgor yn cael ei ystyried yn argyfwng meddygol, ond gellir ei drin os caiff ei adnabod.

Iselder ôl-enedigol

Mae mwy nag un o bob deg menyw yn profi iselder ôl-enedigol yn y flwyddyn gyntaf ar ôl geni. Mae'r arwyddion yn cynnwys hwyliau isel, meddyliau am hunan-niweidio, teimlo wedi dy orlethu, yn ddideimlad ac yn ddiwerth. Mae ffactorau risg yn cynnwys teimlo nad wyt ti'n cael dy gefnogi, straen dwys, hanes o iselder a genedigaeth anodd.

Gorbryder ôl-enedigol

Mae mwy nag un o bob deg menyw yn profi gorbryder ôl-enedigol, sy'n gallu cyd-daro ag iselder ôl-enedigol. Mae arwyddion yn cynnwys teimladau parhaus o densiwn, gorwyliadwriaeth neu ofni'r gwaethaf. Gydag anhwylder gorfodaeth obsesiynol amenedigol, mae'r dioddefwr yn profi meddyliau neu obsesiynau ailadroddus.

Dicter mamol

Mae dicter yn emosiwn arferol pan fyddi di'n teimlo'n rhwystredig, wedi dy fychanu neu wedi cael cam. Gall dicter guddio galar ac ofn, ond mae'n bosib bod mamau "da" yn ei fygu oherwydd cywilydd. Mae dicter yn adeiladu ar ddicter: mae rhywun yn ffrwydro ar ôl cael ei bryfocio sawl gwaith, gyda hynny'n sbarduno'r system fygythiad. Mae ffactorau risg yn cynnwys teimlo nad wyt ti'n cael dy gefnogi, annhegwch a thrawma.

Dawns ymgyfarwyddo gofalgar

Mae cynnig presenoldeb gofalgar i dy fabi pan fydd wedi ymlacio yn creu cyfleoedd gwych i gysylltu. Symuda o'r cyflwr "gwneud" ac i'r cyflwr "bod" drwy arafu'r tempo a bod yn agored i'r hyn sydd gan dy fabi i'w gynnig.

1

Dewisa amser pan fydd dy fabi wedi'i fwydo'n dda, yn gynnes, yn sych ac yn gyfforddus. Gwna'n siŵr dy fod ti wedi ymlacio hefyd. Mae angen i ti gynnig presenoldeb croesawgar, gydag ysgwyddau llac a brest agored, fel bod dy fabi'n teimlo'n ddiogel.

2

Gwena'n dyner ar dy fabi a'i wylio. Tybed beth mae'n ei deimlo?

3

Siarada'n gynnes â dy fabi. Rho enw i'r hyn mae'n ei feddwl neu'n ei deimlo, yn dy dyb di. Dros amser, bydd enwi ei emosiynau yn help iddo ddeall ei deimladau.

4

Os yw dy fabi yn cyfathrebu drwy gyrglo, symudiadau wyneb neu ystum, dangos iddo dy fod ti wedi sylwi. Ymateba gyda geiriau cariadus, gwên ac edrychiad cynnes.

5

Unwaith eto, gwylia dy fabi. Dyma enghraifft o gymryd tro ar waith, wrth i ti gamu'n ôl, arsylwi a hoelio dy sylw ar arwyddion dy fabi, ac yna ymateb – efallai gan ddynwared yr hyn y mae dy fabi'n ei wneud.

6

Os yw dy fabi yn troi ei ben i ffwrdd neu'n dylyfu gên, y cyfan yw hynny yw arwydd bod angen seibiant arno ar ôl cyfnodau o gysylltiad. Mae rhyngweithio yn waith blinedig – fe ddaw'n ôl atat ti pan mae'n barod.

7

Arhosa, gwylia ac arsylwa unwaith eto. I ddechrau, fe allai'r rhyngweithio hyn bara ychydig funudau. Wrth i dy fabi dyfu, sylwa ar newidiadau amlwg a chynnil yn y ddawns ymgyfarwyddo gofalgar.

Bwydydd sy'n rhoi hwb i'r egni

Mae blinder a diffyg egni yn gyffredin iawn yn y dyddiau cynnar. Bydd colli gwaed yn arwain at ddiffyg haearn i lawer o famau, a gall hynny achosi blinder. Fe fydd deiet gofalgar ac amrywiol yn helpu i roi hwb i lefelau egni.

Mae angen haearn er mwyn cynhyrchu celloedd gwaed coch iach. Os wyt ti'n dioddef o ddiffyg haearn, bydd dy gorff yn dioddef o ddiffyg ocsigen, gan arwain at ddiffyg egni. Mae **stêc** neu **gig oen** gyda **sbigoglys** gwyw yn bryd blasus sy'n llawn haearn. Er na all y corff eu hamsugno cystal, mae ffynonellau haearn o blanhigion, yn cynnwys **grawnfwydydd cyfnerthedig**, **llysiau gwyrdd tywyll deiliog**, **ffa**, **ffacbys**, **cnau** a **tofu**, yn ddewisiadau amgen gwych sy'n llawn maetholion. I roi hwb i dy lefelau amsugno, cyfuna dy ffynonellau haearn â ffynhonnell dda o fitamin C fel gwydraid o **sudd oren**.

Ceisia fwyta prydau cytbwys i gynnal dy lefelau egni. Mae'n werth cyfuno carbohydradau sy'n rhyddhau'n araf fel **tatws melys** a **phasta gwenith cyflawn** gyda phrotein isel mewn braster fel **cyw iâr** neu **benfras**. Cofia gynnwys brasterau iach drwy fwyta **afocados** (*gweler ar y dde*), **wyau**, **cnau**, a **physgod olewog** yn ogystal â ffynonellau da o ffibr fel **brocoli**, **tomatos** neu **hummus**.

Myfyrdod caredigrwydd cariadus

Wrth i ti addasu i fod yn rhiant, fe fydd dy system fygythiad yn effro iawn. Mae angen i ti gydnabod dy awydd i amddiffyn dy fabi gwerthfawr. Arfera garedigrwydd cariadus i wrthbwyso ofnau dwys sy'n dod gyda dy gariad.

1

Canolbwyntia ar dy anadl. Rho dy law ar dy galon, gan wahodd teimladau o gynhesrwydd.

2

Cyfeiria'r ymadroddion canlynol yn dawel at dy fabi:

Boed i ti fod yn ddiogel ac yn iach.
Boed i ti gael dy garu.
Boed i ti fod yn llawen.
Boed i ti fod mewn heddwch.

3

Sylwa ar unrhyw feddyliau, emosiynau neu synwyriadau sy'n codi. Mae'n bosib y byddi di'n teimlo ymdeimlad dwfn o gariad a diolchgarwch tuag at dy fabi newydd. Bydda'n ymwybodol o unrhyw deimladau anodd hefyd, eto heb farnu.

4

Nawr canolbwyntia arnat ti dy hun, gan ddweud:

Boed i fi fod yn ddiogel ac yn iach. Boed i fi gael fy ngharu.
Boed i fi fod yn llawen.
Boed i fod mewn heddwch.

5

Gwerthfawroga dy fod ti hefyd angen yr un cariad a gofal â dy fabi. Gafaela mewn llun ohonot ti yn fabi, gan ailadrodd yr ymadroddion.

6

Anfona garedigrwydd cariadus at y bobl yn dy fywyd sydd wedi dy gefnogi. Cyfeiria'r ymadroddion at anwyliaid a mentoriaid.

7

Yn olaf, estynna'r cylch o garedigrwydd cariadus i bob enaid byw. Gan gydnabod ein dynoliaeth gyffredin, ailadrodda'r ymadroddion hynny eto.

Myfyrio ar dy gylch cefnogaeth

Mae dihareb Affricanaidd yn cyfeirio at y ffaith fod angen pentref cyfan i fagu plentyn. Ond yn aml, yn niwylliannau'r Gorllewin, mae llai o gysylltiad rhwng rhieni â'u rhwydweithiau ehangach. Fe fydd mynd ati i greu dy gylch cefnogaeth ofalgar dy hun yn gymorth i ti wella.

Gall tasgau fel bwydo, newid ac ymolchi, ynghyd â lleddfu dy fabi ddydd a nos, beri i dy ben deimlo'n "llawn" iawn. Rwyt ti'n dal i wella'n gorfforol, a gall addasu i ofynion a chyfrifoldebau newydd bod yn fam deimlo'n llethol iawn: mae hyn yn hollol normal. Er mwyn cwmpasu dy fabi, mae'n bwysig meddwl am bwy sy'n dy gwmpasu *di* – dy bartner (os oes gen ti un), teulu estynedig neu system gymorth ehangach.

I ddechrau, mae'n bosib y byddi'n canolbwyntio'n agos ar dy fabi, a gall deimlo'n anodd i ti ofyn am help a gofalu amdanat ti dy hun. Efallai bod meddwl am roi dy fabi yng ngofal rhywun arall yn gwneud i ti deimlo'n bryderus hefyd. Weithiau mae pobl yn teimlo nad ydyn nhw'n haeddu cymorth, neu'n ei ystyried yn arwydd o fethiant. Os yw hyn yn berthnasol i ti, y cam cyntaf yw cyflwyno ymwybod gofalgar i'r sefyllfa. Ceisia feddwl am gynnig o gymorth fel cyfle i gael y gofal gorau posib i ti a dy deulu.

CREU CYLCH CEFNOGAETH

Llunia neu dychmyga gylch canolog i ti a dy fabi (ac efallai dy bartner), wedi'i amgylchynu gan gylch mewnol ac yna cylch allanol. Meddylia pwy sy'n perthyn i ba gylch.

Ti a dy fabi

Rho ti dy hun a dy fabi yn y cylch canolog, gan mai'ch amser chi'ch dau yw hwn. Gobeithio y byddi di'n mwynhau gorffwys rheolaidd, wrth i ti adfer.

Ti a dy gymorth agosaf

Efallai dy fod ti eisiau rhoi dy bartner a dy gymorth agosaf yn y cylch canolog hefyd, yn dibynnu ar i ba raddau rwyt ti'n teimlo wedi dy gefnogi ganddyn nhw. Eu rôl nhw yw amddiffyn dy swigen mam a'i babi.

Agosatrwydd emosiynol

Ystyria'r rhai rwyt ti'n ymddiried ynddyn nhw, y rhai sydd ddim yn dy farnu di – dyma'r bobl y gelli di ddangos dy natur fregus iddyn nhw. Mae'r aelodau dibynadwy hyn o dy lwyth yn gwrando go iawn, gan roi cyfle i ti ddadlwytho a phrosesu dy deimladau. Ystyria ble i'w rhoi nhw, yn y cylch mewnol neu'r cylch allanol.

Cymorth cymdeithasol

Mae cymorth cymdeithasol yn allweddol i ti deimlo wedi dy gwmpasu yn ystod y cyfnod bregus hwn. Pwy wyt ti'n teimlo'n fwyaf cartrefol gyda nhw? Gall gweithiwr iechyd proffesiynol dibynadwy gynnig cymorth cymdeithasol hefyd. Mae angen gosod pobl sy'n cynnig cymorth cymdeithasol yn y cylch allanol.

Cymorth ymarferol

Am gymorth ymarferol, mae'n werth mynd y tu hwnt i wledydd y Gorllewin i fenthyg arferion ôl-esgor, gan recriwtio cymorth sy'n dy ryddhau o orfod gwneud tasgau bob dydd. Mae'r pwyslais ar gynorthwywyr, yn hytrach nag ymwelwyr sy'n llyncu egni. Rho'r cynorthwywyr hyn yn y cylch allanol.

Cysylltu â dy hunan tosturiol

Ystyria dri llif tosturi: caredigrwydd gennyt ti tuag at eraill; caredigrwydd rwyt ti'n ei dderbyn gan eraill; a charedigrwydd rwyt ti'n ei ddangos i ti dy hun. Canolbwyntia ar greu dy "hunan tosturiol" mewnol, doeth a lleddfol.

1

Gall dangos tosturi tuag atat ti dy hun deimlo'n ddieithr. Os felly, dychmyga dy fod ti wedi cael rhan fel actor mewn ffilm – ceisia ystyried dy hunan tosturiol fel y cymeriad hwnnw.

2

I ymgorffori presenoldeb hyderus a chyson person tosturiol, dychmyga dy hun fel coeden dderw hynafol, yn llawn hyder a chysur, â'i gwreiddiau'n gadarn yn y ddaear.

3

Eistedda i lawr a chyfeiria dy sylw at dy anadl. Anadla i mewn i'r bol yn bwrpasol. Canolbwyntia ar ymestyn pob anadl i mewn a phob anadl allan.

4

Meddala dy wyneb. Cyflwyna gyfeillgarwch addfwyn i dy edrychiad. Dychmyga siarad yn garedig â rhywun, gan ddweud: 'Dwi yma i ti.'

5

Myfyria ar rinweddau tosturi. Dychmyga dy hunan tosturiol yn teimlo ymdeimlad o gyfrifoldeb – ac yn cilio oddi wrth feio a barnu. Mae'r mentor yma eisiau dy dywys drwy heriau, dy helpu i symud ymlaen a thyfu.

6

Cysyllta â dy hunan tosturiol pan wyt ti'n teimlo dy fod wedi gwneud rhywbeth o'i le. Ail-fframia deimladau o edifeirwch – o safbwynt rhywun sy'n dysgu sut i fod yn fam.

7

Ystyria pa gamau lleddfu fydd dy hunan tosturiol yn eu cymryd. Rhedeg bath i ti dy hun efallai, neu roi caniatâd i ti gysgu. Mae'r rhan gryf a doeth hon o dy gymeriad yn deall beth sydd ei angen arnat ti, gan hyrwyddo anogaeth a dealltwriaeth. Hyd yn oed os nad wyt ti'n teimlo'r rhinweddau hyn, cofia mai'r peth pwysicaf yw dy fwriad gofalgar i atgyfnerthu dy system leddfu.

ANADLU A MYFYRIO

Ymwybyddiaeth ofalgar un munud

Efallai y byddi di'n sylwi dy fod ti'n cyflawni tasgau ymarferol magu babi yn ddifeddwl ac yn awtomatig. Mae ailgyfeirio dy sylw yn yr ymarfer 60 eiliad hwn yn dy ddeffro i'r presennol, fel bod dynol sy'n "bodoli", yn hytrach na bod dynol sy'n "gwneud".

"Rydyn ni'n aml yn bwyta ar ras neu'n bwyta'n ddifeddwl; yn hytrach, treulia amser yn gwir flasu dy fwyd."

1

Edrycha ar afal fel y byddai dy fabi, gyda diddordeb, parch a rhyfeddod.

2

Sylwa ar liwiau'r croen y gelli di eu **gweld** – chwilia am unrhyw liwiau gwahanol neu olion cleisio.

3

Teimla ei bwysau yn dy law. Sylwa ar y gwead, os yw'n teimlo'n llyfn, yn sgleiniog neu'n anwastad.

4

Rho'r afal o dan dy drwyn ac anadla ei **arogl**. Bydda'n chwilfrydig am yr arogl.

5

Wrth i ti gnoi'r afal yn fwriadol, hoelia dy sylw ar y gwahanol **synau** mae hynny'n eu creu.

6

Bydda'n ymwybodol o'r **blas** wrth i ti gnoi yn araf. Sylwa ar unrhyw deimladau yn dy geg ar ôl i ti lyncu.

MAETH

Bwydydd ôl-esgor i dy adnewyddu

Gyda beichiogrwydd, geni a bwydo ar y fron, rhaid wrth lefelau uchel o ficrofaetholion i fwydo dy gorff. Er mwyn osgoi disbyddu ôl-enedigol, dewisa fwydydd naturiol i borthi dy hun gyda maetholion allweddol a chefnogi dy system imiwnedd.

Gwna'n siŵr bod dy ddeiet yn llawn fitaminau. Mae fitamin E yn wrthocsidydd pwysig sy'n hydoddi mewn braster, ac mae'n bresennol mewn **wyau**, **llysiau gwyrdd deiliog**, **cnau**, a **hadau blodyn yr haul**. Un ffordd hawdd o sicrhau hwb o fitamin E yw drwy sgeintio **bywyn gwenith** (*ar y chwith*) dros uwd neu ei gynnwys mewn smwddis. Mae fitamin A yn cryfhau'r imiwnedd ac mae i'w gael mewn bwydydd fel **sbigoglys**, **moron**, a **thatws melys**. Fe fydd bwyta digon o **ffrwythau sitrws** ac **aeron** yn cynyddu dy gymeriant fitamin C, gwrthocsidydd allweddol sy'n cefnogi'r system imiwnedd ac yn cynorthwyo proses iachau'r corff. Ystyria gymryd atchwanegyn fitamin D hefyd. Haul yw prif ffynhonnell y fitamin hwn, ac mae bod â diffyg yn gyffredin.

"Gwna ddewisiadau maethlon i feithrin a gwella iechyd hirdymor."

Parth bwydo 'zen'

Beth am greu parth "zen" gofalgar ar gyfer bwydo, gyda'r holl bethau sy'n cynnig cysur i ti wrth law, er mwyn rhoi maeth i ti wrth i ti roi maeth i dy fabi. Defnyddia'r gofod tawel hwn fel lloches a chyfle i oedi, anadlu ac ailgysylltu.

1

Fe fydd creu hafan o dawelwch yn dy annog i ymlacio, a hynny yn ei dro yn lleddfu dy fabi. Bydda'n ymwybodol dy fod ti'n symud o'r cyflwr "gwneud" i'r cyflwr "bod", gan greu cysylltiadau heddychlon i ti a dy fabi.

2

Os wyt ti'n bwydo ar y fron, o botel neu'n cyfuno'r ddau, gwna'n siŵr fod popeth sydd ei angen arnat yn dy 'nyth'. Pa elfennau allweddol fydd yn atgyfnerthu ymdeimlad o dawelwch? Cadair fwydo gyfforddus efallai, neu flanced glyd i gadw'r ddau ohonoch chi'n gynnes.

3

O fewn hyd braich, bydd angen llieiniau mwslin, cylchgrawn neu lyfr a dy ffôn. Cadwa ddŵr a byrbrydau iach gerllaw.

4

Cyn bwydo, treulia ennyd yn sefydlogi dy hun. Hyd yn oed os yw dy fabi'n cynhyrfu, defnyddia dy anadl a dy gorff i angori dy hun. Anadla'n ddwfn i dy fol ychydig o weithiau. Teimla wadnau dy draed ar y llawr. Sylwa sut wyt ti'n cael dy gynnal gan dy gadair.

5

Teimla gorff cynnes dy fabi yn dy freichiau wrth iddo ddisgwyl cael ei fwydo. Gwerthfawroga ei arogl hyfryd. Sylla i'w lygaid cariadus a sylwa ar unrhyw synau o foddhad. Gad i dy anadl ddod o hyd i'w rhythm naturiol, gan fwynhau'r eiliadau hyn o gysylltiad rhyngoch – wrth i chi'ch dau brofi budd llif o ocsitosin.

MAETH

Y bwydydd gorau wrth fwydo ar y fron

Os wyt ti'n bwydo ar y fron, fe fydd dy fabi'n cael yr holl nodd sydd ei angen arno o laeth y fron. Gall bwyta deiet sy'n uchel mewn protein a chalsiwm, ac yfed digon, hyrwyddo faint o laeth sy'n cael ei gynhyrchu.

Mae protein yn allweddol ar gyfer twf a datblygiad dy fabi, heb sôn am gadw dy gyhyrau, esgyrn, dannedd a meinweoedd yn iach. Anela at dair ffynhonnell o brotein o ansawdd da y dydd. Mae ffynonellau protein anifeiliaid fel **cig**, **pysgod**, **cynnyrch llaeth** ac **wyau** yn cynnwys yr holl asidau amino hanfodol; o ran ffynonellau llysieuol neu figan da, dewisa **gynnyrch soia**, **Quorn**, neu amrywiaeth o ffynonellau sy'n seiliedig ar blanhigion fel **ffa**, **ffacbys**, **cnau** a **hadau**.

Mae calsiwm nid yn unig yn hanfodol ar gyfer cryfhau esgyrn dy fabi, ond hefyd i gynnal dwysedd dy esgyrn di. Ceisia fwyta pedair i bum ffynhonnell gyfoethog o galsiwm bob dydd. Mae calsiwm i'w gael mewn **llaeth**, **caws** (*ar y dde*), a **chynnyrch llaeth** arall. Mae ffynonellau sy'n seiliedig ar blanhigion yn cynnwys **llaeth cyfnerthedig**, **cawsiau amgen**, **bara**, **grawnfwydydd** a **ffrwythau sych**. I gynyddu dy lefelau calsiwm, beth am gael **iogwrt** i frecwast, byrbryd o **almonau**, a chyfuno **sardîns** a **brocoli** wedi'u stemio am ginio iach.

Bwydo gofalgar

Myth yw'r syniad fod bwydo ar y fron yn dod yn naturiol. Y gwir amdani yw ei fod yn cymryd amser, ac mae poen yn gyffredin i ddechrau wrth i ti a dy fabi ddysgu gyda'ch gilydd. Mae bod yn ofalgar yn helpu i leddfu'r tensiwn sy'n gallu dwysáu anghysur.

1

Bwyda mewn lle tawel, yn y gwely neu dy barth 'zen' efallai (*gweler tudalen 86*), er mwyn creu cysylltiadau tawel i ti a dy fabi.

2

Anadla'n ddwfn ychydig o weithiau. Tynna dy ysgwyddau yn ôl ac eistedd ag osgo sy'n dy gynnal yn dda. Ymlacia dy ên.

3

Dychmyga flodyn yn agor rhwng dy aeliau. Dydy hyn ddim yn hawdd, ond os wyt ti'n ymlacio, bydd hynny'n helpu dy fabi i ymlacio hefyd.

4

Wrth i dy fabi ddechrau sugno, sylwa ar unrhyw synwyriadau yn dy gorff. Noda sut wyt ti'n ymateb i unrhyw wayw o boen, sydd o bosib yn gysylltiedig â rhyddhau'r llaeth neu lid.

5

Mae'n bosib y byddi di'n ymateb i synwyriadau cryf drwy dynhau dy gorff neu dy wyneb. Mae hefyd yn bosib y byddi di'n cystwyo dy hun gyda datganiadau llym fel "Dwi'n methu".

6

Mae ymateb yn gryf i boen a dymuno cael gwared arno yn ymateb cwbl naturiol. Ond gall yr atgasedd waethygu'r dioddefaint. Rho gynnig ar labelu pob teimlad o'r fath fel "pethau dros dro". Sylwa sut maen nhw'n newid yn barhaus.

7

Os yw'r teimladau yn tynnu dy sylw yn ormodol, cyfeiria dy sylw yn ôl at yr anadl. Yngana'r gair "tawel" yn dy ben wrth anadlu i mewn. Gyda phob anadl allan, yngana'r gair 'rhwydd' neu 'hawdd'. Sylwa ar unrhyw densiwn yn toddi ymaith.

Ymwybyddiaeth o lawr y pelfis

Bydd yr ymarferion ymwybyddiaeth hyn, ynghyd ag anadlu gofalgar, yn dy helpu i atgyfnerthu llawr dy belfis. Os wyt ti'n dioddef anghysur corfforol, dechreua drwy ddychmygu'r ymarfer cyn symud ymlaen i'r symudiadau.

1

Eistedda'n dalsyth ac anadlu i mewn yn ddwfn. Wrth i ti anadlu allan, tynna dy ben-ôl i fyny'n fewnol, yna dilyna'r ymgysylltiad hwnnw ymlaen ac i fyny. Dychmyga linell o waelod dy asgwrn cefn i dy fotwm bol: tynna'r ddau bwynt hynny tuag at ei gilydd yn dyner.

2

Mae ymgysylltu â llawr y pelfis yn ymwneud â chodi mewnol – dydy o ddim yn gweithio unrhyw gyhyrau eraill. Ymlacia'r pen-ôl, y cluniau, yr ysgwyddau a'r ên.

3

Ceisia beidio â dal dy anadl. Canolbwyntia ar amseru'r gwasgu-a-chodi ar yr anadl allan, yna gadael i lawr y pelfis cyfan ymlacio ar yr anadl i mewn. Gwna hyn sawl gwaith, gan anadlu'n araf fel pe baet ti'n ceisio diffodd cannwyll.

4

Ailadrodda hyn gyda bwriad deirgwaith y dydd. Fe elli di ymarfer wrth wneud pethau fel codi dy fabi, codi sedd car, neu wrth ostwng dy fabi i'r bath, gan fod yr holl weithgareddau hyn yn defnyddio dy graidd.

5

Bob tro rwyt ti'n codi dy fabi, anadla allan yn ymwybodol gan dynhau llawr y pelfis.

6

Ceisia ymarfer llacio llawr dy belfis gydag anadliadau dwfn, araf o'r abdomen i waelod y bol. Fe fydd hyn yn sbarduno'r system leddfu ac yn rhyddhau tensiwn, gan gyflwyno ymdeimlad o dawelwch i anhrefn cyfnod cynnar dy fywyd fel mam.

Padiau oer i iachau'r perinëwm

Defnyddia badiau ôl-esgor oer i liniaru cleisiau, chwyddo a llid gweiniol. Gan gyfuno effeithiau pad a lolipop, mae'r padiau mamolaeth rhewllyd hyn yn llawn priodweddau iachau naturiol sy'n helpu i leddfu poen.

I baratoi dy badiau mamolaeth, mae angen eu trwytho ymlaen llaw mewn **eli rhisgl di-alcohol** (*witch hazel*) i leihau unrhyw lid. Rhwbia gel aloe vera pur dros y pad gyda bysedd glân. Mae gan **aloe vera** (*ar y dde*) briodweddau gwrthlidiol a phoenleddfol. Mae modd hefyd ychwanegu ambell ddiferyn o olewau hanfodol fel **lafant** neu **rosmari** i leddfu unrhyw chwyddo ac ymladd haint. Cadwa nhw yn y rhewgell am o leiaf awr cyn eu defnyddio, a'u gadael i ddadmer ychydig cyn eu lapio mewn clwtyn rhag iddyn nhw ddod i gysylltiad uniongyrchol â dy groen. Cadwa'r pad oer yn ei le am hyd at 30 munud ar y tro i gael rhyddhad ar unwaith.

"Mae padiau oer yn teimlo'n arbennig o liniarol yn ystod y dyddiau cyntaf ar ôl geni."

Datganiad cadarnhaol i fynd i'r afael â gorlethu

Gall yr heriau o fwydo wrth ymdopi â diffyg cwsg a dy adferiad corfforol sbarduno gorlethu. Cyflwyna ymwybyddiaeth dosturiol i'r adegau hyn drwy'r arfer lleddfol hwn.

1

Anadlu rhythm lliniarol

Canolbwyntia ar ddyfnhau dy anadl, gan gyfrif i dri wrth anadlu i mewn ac yna anadla allan, eto gan gyfrif i dri. Ar bob anadl allan, sylwa ar ymdeimlad o arafu.

2

Ystum

Mae angen i ti ymgorffori presenoldeb urddasol, agored dy hunan tosturiol. Eistedda'n dalsyth, gan ymlacio dy ysgwyddau ac agor dy frest. Ymlacia dy wyneb a dy wddf.

3

Cydnabod

Rho dy law ar dy galon, gan ofyn i ti dy hun yn dyner: 'Sut ydw i'n teimlo yr eiliad hon?' Cofia gydnabod unrhyw deimladau o orbryder, dicter neu dristwch gyda charedigrwydd.

4

Tosturi

Mae tosturi yn golygu gwneud lle i'r holl wahanol rannau ohonot ti dy hun. Mae angen hoelio dy sylw a chydnabod unrhyw ofnau, synwyriadau a meddyliau beirniadol.

5

Empathi

Bydd dysgu sut i daflu goleuni tosturiol ar feddyliau a theimladau ar adegau o straen yn dy helpu i fabwysiadu safbwynt arsylwr. Dychmyga dy hun fel peilot gofalgar yn edrych i lawr ar y profiadau mewnol anodd hyn. Bydd hyn yn creu lle i ti gamu'n ôl ac ymateb yn ddoeth ac yn garedig.

6

Enwa dy deimladau, a dweud yn dyner:

"Dwi'n ymateb oherwydd straen. Dwi'n teimlo'n __________ (noda'r emosiwn) a dwi'n ddiogel."

Nesaf, gad i'r hunan tosturiol dy leddfu di. Mae angen i ti ymarfer dweud y datganiadau hyn yn uchel mewn llais tyner:

"Fe fydd y teimladau hyn yn pasio."

"Dwi'n fam ddigon da. Dwi'n *gallu* ymdopi."

Bath perlysiol iachusol

Mae bath perlysiol lliniarol a iachusol yn gyfle gwych i ymlacio'n llwyr a helpu'r corff i wella o lid a chwyddo. Os nad wyt ti'n barod am fath llawn, gall bath eistedd leddfu anghysur.

Dewisa berlysiau sy'n lleddfu ac yn iachau, ac sydd â phriodweddau gwrthfacterol a gwrthlidiol. Ar gyfer pob bag mwslin, cyfuna 250g o **halen môr heb ei buro** (*ar y chwith*) a 50g yr un o **flodau lafant**, **blodau collen ystwyth**, **blodau melyn Mair** a ***blodau camri*** (camomíl) – mae'r cyfan ar gael ar-lein. Rho un bag mewn bath poeth, gan drwytho'r ystafell ymolchi gydag arogleuon hyfryd. Unwaith i'r bath oeri i dymheredd cyfforddus, ymlacia yn y dŵr iachusol.

Mae ychwanegu olewau hanfodol i fath cynnes yn cynnig rhyddhad yn ogystal ag iachâd. Mae'n werth trafod â gweithiwr iechyd proffesiynol yn gyntaf, oherwydd bod angen i rai clwyfau aros yn sych am gyfnod hirach. Cymysga 3-12 diferyn o **olew lafant**, sy'n antiseptig a lliniarol, ac **olew llwyn te**, sy'n helpu i ymladd yn erbyn heintiau, mewn llwy fwrdd o olew cludo. Cymysga ddŵr y bath cyn mynd i mewn iddo. Fel arall, ychwanega fflochiau **magnesiwm** lleddfol.

Derbyn cymorth proffesiynol

Mae dod o hyd i ffynhonnell o gymorth proffesiynol a dibynadwy yn bwysig os wyt ti'n teimlo dy fod yn cael trafferth bwydo ar y fron, neu'n dioddef yn emosiynol neu o ran adferiad dy gorff ar ôl geni.

Dylai pob mam newydd weld meddyg teulu ar ôl chwe wythnos i gael archwiliad o'i hiechyd corfforol a meddyliol, ac mae hwn yn gyfle pwysig i leddfu unrhyw amheuon neu ofyn am help. Gan fod apwyntiadau yn aml yn teimlo'n frysiog, mae'n werth ystyried beth wyt ti eisiau ei drafod ymlaen llaw. Mae'n werth bod yn barod i eirioli am gefnogaeth os oes arnat ei hangen. Mae chwe wythnos yn ddigon o amser i gam cyntaf iachâd meinwe meddal. Ond hyd yn oed os wyt ti'n cael archwiliad cadarnhaol, cofia gymryd mwy o amser i gyhyrau'r abdomen ac i'r pelfis wella. Er i ti gael gwybod ei bod hi'n "ddiogel" i ti ailafael mewn ymarfer corff a gweithgarwch rhywiol, fe all gymryd rhagor o amser cyn dy fod yn teimlo'n barod.

"Dal dy afael ar obaith. Fe ddaw dy ymdeimlad o ti dy hun i'r fei eto."

DERBYN CYMORTH PROFFESIYNOL

Os wyt ti'n gweld agweddau ar fywyd mam yn anodd, paid ag oedi cyn chwilio am help – gall pethau waethygu'n gyflym. Mae cyngor am ffynonellau cymorth ar gael ar dudalen 214.

Bwydo ar y fron

Gall pryderon am allu dy fabi i gydio wrth fwydo ar y fron, neu boen parhaus y tu hwnt i'r wythnos gyntaf, awgrymu bod angen cymorth arnat ti. Fe allai hynny olygu troi at ymgynghorydd llaetha cofrestredig, cwnselydd bwydo ar y fron neu linell gymorth genedlaethol.

Adferiad corfforol

Yn yr apwyntiad chwe wythnos, mae'n werth sôn am unrhyw beth sydd ddim yn teimlo'n iawn. Dydy poen a diffyg teimlad ddim yn "normal". Gall anymataliaeth neu wynt fod yn arwydd o drafferthion gyda llawr y pelfis; gall teimlo trymder yn y wain fod yn arwydd o gwymp y groth; a gall gwahanu abdomenol (diastasis recti) effeithio ar weithrediad llawr y pelfis.

Lles emosiynol

Bydda'n gwbl agored a thrafoda hyd a lled unrhyw drallod rwyt ti'n ei brofi. Noda ers pryd wyt ti wedi bod yn profi anawsterau emosiynol, eu dwyster (eu heffaith ar dy ymdeimlad o dy hunan a dy fywyd beunyddiol), a pha mor aml maen nhw'n codi.

Help gyda phroblemau corfforol

Os wyt ti'n poeni, gofynna am gael dy atgyfeirio at ffisiotherapydd iechyd menywod er mwyn cael archwiliad cyhyrysgerbydol a mewnol llawn.

Help gyda phroblemau emosiynol

Siarada â pherthynas neu ffrind empathig ac ystyria beth i'w ddweud wrth weithiwr iechyd proffesiynol. Rôl y meddyg teulu yw cael gafael ar y cymorth gorau i ti a chynnig atgyfeiriad yn ôl yr angen.

Ymarfer a thechnegau

Mae cyffyrddiad sensitif yn allweddol i'n goroesiad emosiynol – mae hyd yn oed mwncïod bach angen cysur cyffyrddiad er mwyn teimlo'n ddiogel. Mae tylino babi yn ffordd dyner o feithrin cysylltiad agosach â dy fabi, gan helpu chi'ch dau i deimlo'n dawelach ac yn fwy cysylltiedig.

Mae babanod yn ymateb i gyffyrddiad sensitif o'u geni, ond mae'n werth aros am rai wythnosau cyn dechrau ymarfer mwy ffurfiol, gan y gallai'r profiad fod yn rhy ysgogol i fabi ifanc iawn. Dewisa amser pan mae dy fabi'n ddiddig ac yn effro, heb fod yn rhy fuan ar ôl bwydo a phan nad yw'n flinedig neu'n llwglyd. Mwytha'n rhythmig gan wasgu'n gymedrol, a bydda'n ymwybodol o arwyddion fod dy fabi wedi cael digon, fel crio neu dynnu'r coesau neu'r traed yn ôl. Paid â defnyddio unrhyw olewau tan ar ôl y mis cyntaf (neu'n hirach yn achos babanod cynamserol), pan fydd haen uchaf y croen wedi datblygu'n ddigonol. Dydy olew olewydd ddim yn cael ei argymell, ond fe allet ti ddefnyddio olewau oerwasgedig eraill, yn ddelfrydol rhai organig a di-arogl.

"Siarada neu cana'n addfwyn wrth dylino dy fabi, a gad iddo wybod dy fod ti'n ei garu."

CADWYN DYLINO 10 MUNUD

Rhan bwysig o dylino babi yw mwytho gyda sensitifrwydd a pharch. Dechreua gydag un neu ddau o'r ymarferion, cyn symud yn raddol i'r gadwyn lawn a chynyddda'r amser wrth i dy fabi ddod i'r arfer o gael ei dylino.

01

BAWD DROS FAWD

Gofynna am ganiatâd cyn dadwisgo dy fabi. Rho dy fabi i orwedd ar dywel mewn ystafell gynnes a thynnu ei ddillad (a'r clwt, os wyt ti'n dymuno). Eistedda fel dy fod ti'n gallu edrych i'w lygaid. Gafaela yn nhroed dy fabi ac yna, gan ddefnyddio dy fodiau, mwytha ei droed o'r sawdl i'w blaen. Gwylia wrth i'r bysedd traed sythu. Arhosa i'r bysedd traed sythu, yna gwneud yr un peth eto. Ailadrodda'r ymarfer ar y ddwy droed cyhyd â bod dy fabi i'w weld yn mwynhau.

02

GODRO

Lapia dy ddwylo o amgylch clun dy fabi a thynna i lawr yn dyner o'r glun i waelod y goes, llaw dros law, fel pe baet ti'n godro'r goes. Ailadrodda'r symudiad cyhyd â bod dy fabi i'w weld yn mwynhau, cyn gwneud yr un peth ar y goes arall. Siarada â dy fabi wrth i ti dylino ei goesau.

03

RHÔL SELSIG

Coda goes dy fabi a rholio y glun yn dyner rhwng cledrau dy law, gan symud i lawr i waelod y goes cyn gollwng ei goes yn ofalus. Ailadrodda'r symudiad cyhyd â bod dy fabi i'w weld yn mwynhau, cyn gwneud yr un peth ar y goes arall.

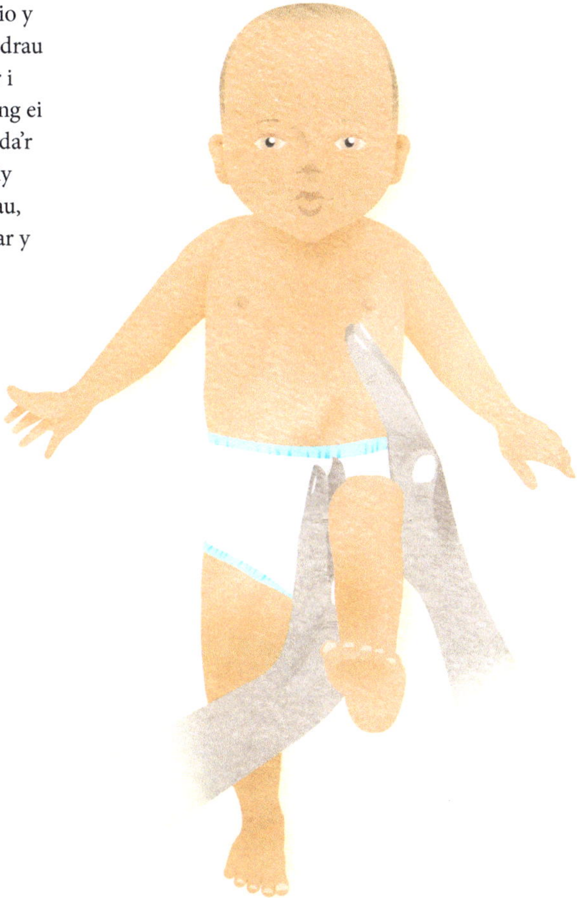

04

TYLINO WYNEB

Mae hwn yn ymarfer da ar gyfer lleddfu poen sy'n gysylltiedig â thorri dannedd. Canolbwyntia ar wyneb dy fabi, gan gymryd gofal o fannau sensitif. Dilyna batrwm cylchoedd bach ar eu bochau. Yna dilyna batrwm cylchoedd bach o dan y wefus isaf, cyn gwneud yr un peth uwchlaw'r wefus uchaf. Tynna labedi'r clustiau yn dyner – mae gwasgbwyntiau ynddyn nhw sy'n cysylltu â'r geg.

05

GWASTADU TUDALENNAU LLYFR

Rho ddau fys (mynegfys a bys canol pob llaw) ar frest dy fabi ar bob ochr i'r sternwm a gwthio am allan yn ysgafn. Coda dy fysedd, dos yn ôl i'r safle cychwynnol ac ailadrodd yr ymarfer cynifer o weithiau ag y mae dy fabi i'w weld yn mwynhau.

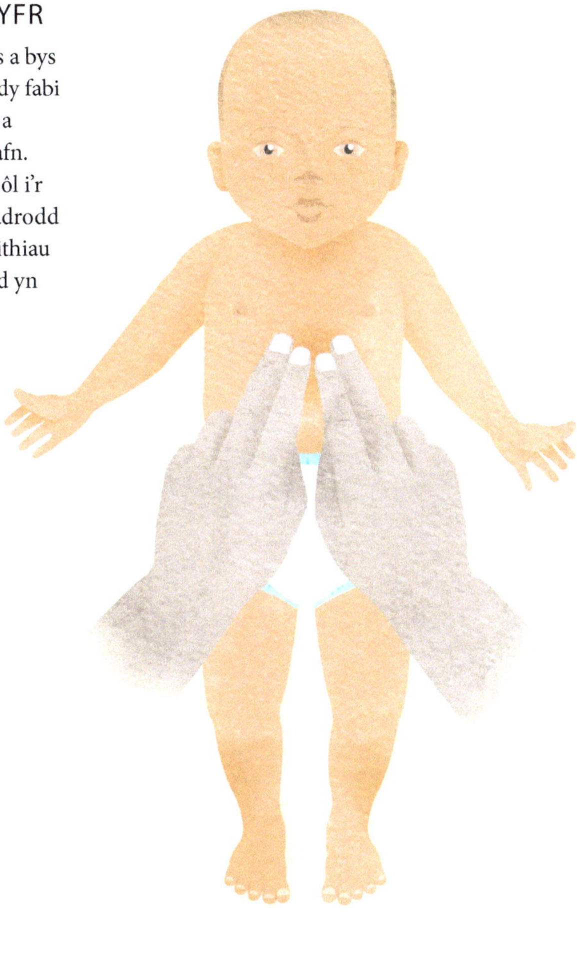

ADDASU I FYWYD GYDA DY FABI

Gall wythnosau chwech i 12 deimlo'n flinedig iawn – gwna dy orau i ildio i'r amser yma o agosatrwydd, gan fwynhau'r cwtshys gyda dy fabi newydd. Yng nghanol disgwyliadau y 'fam orwych' a dy feirniad mewnol, defnyddia fyfyrdodau, datganiadau cadarnhaol a delweddu, ynghyd â cherddded gofalgar ac ioga tyner, i atgyfnerthu dy hun. Noda dy werthoedd er mwyn cysylltu â dy ddoethineb mewnol.

CYFLWYNIAD

Addasu i fywyd gyda dy fabi

Gall bod yn fam ofalgar helpu i greu gofod meddyliol yng nghanol anhrefn y misoedd cyntaf, gan dy alluogi i hoelio sylw ar dy reddf, cysylltu â dy werthoedd a pherchnogi dy ddewisiadau magu plant o ddifri.

Wrth i dy fabi newydd ddatblygu, defnyddia ymwybyddiaeth ofalgar i fwynhau'r cwtshys. Mynna seibiant yng nghanol anhrefn dy ddiwrnod i werthfawrogi pa mor rhyfeddol yw'r person bach newydd hwn. Ceisia arfer diolchgarwch i dy helpu i ddathlu'r 'buddugoliaethau bach' (*gweler tudalen 114*) a chysyllta'n ofalgar â cherddoriaeth wrth i ti suo-ganu dy fabi i gysgu (*gweler tudalen 126*).

O'r eiliad y bydd dy fabi yn cyrraedd, fe gei di dy beledu â chyngor. Mae'n dechrau pan wyt ti'n feichiog, gyda phawb yn dweud ei ddweud a thithau'n gorfod ufuddhau. Ond ar ôl geni dy fabi, yn dy ddwylo di mae'r awenau. Ond gall yr holl leisiau arbenigol, o'r byd meddygol, y cyfryngau neu berthnasau sy'n llawn bwriadau da, fod mor groch.

Mae'r holl gyngor croes am fod yn fam, cyngor di-ofyn amdano yn aml, yn ddryslyd. Ond mae yna un peth sydd gan yr holl leisiau'n gyffredin, sef eu bod nhw'n mynnu mai eu ffordd nhw yw'r ffordd 'iawn' o fagu plant. Mae hyn yn creu gorbryder i lawer o famau, yn enwedig o ystyried nad yw dy fabi di wedi darllen y llawlyfrau. Fel y noda'r seicotherapydd Naomi Stadlen, gall deimlo fel bod ar faes y gad, a thithau'n teimlo'n amddiffynnol waeth pa ddewisiadau wyt ti'n eu gwneud.

Mabwysiadu agwedd ofalgar

Mae ymchwil ddiweddar yn dangos pa mor gyffredin yw meddyliau negyddol ymhlith mamau newydd: roedd bron i ddwy o bob tair mam – mamau nad oedden nhw'n dioddef o iselder, sylwer – yn dweud eu bod nhw wedi meddwl eu bod nhw'n fam wael ar ryw bwynt. Ond ynghlwm wrth y meddyliau negyddol, roedd mwy a mwy o euogrwydd a chywilydd – oherwydd nad yw meddyliau o'r fath i'w gweld yn cyd-fynd â'r ddelfryd o fam 'dda'. Mae adnabod ac arsylwi ar dy feirniad mewnol, y llais mewnol llym sy'n dy feirniadu am dy weithredoedd a dy ddewisiadau fel mam, yn gam allweddol o ran ymwybyddiaeth ofalgar (*gweler tudalen 126*). Mae angen i ti ddod o hyd i ffyrdd i sefydlogi dy hun, megis cysylltu â natur (*gweler tudalen 116*) neu leddfu dy hun ag olewau hanfodol (*gweler tudalen 132*).

Mae arfer ffyrdd o ailganoli dy hun yn arbennig o bwysig yn yr wythnosau cynnar hyn, pan fydd dy fabi angen cymaint gen ti. Mae'r crio ar ei waethaf tua'r cyfnod chwe i wyth wythnos. Mae babanod yn aml yn biwis ac yn dioddef ysgogi gormodol ar ôl holl fewnbwn synhwyraidd y dydd. Mae babanod sy'n cael eu bwydo ar y fron yn tueddu i fwydo mewn pyliau, ac mae hynny'n flinedig. Gwna dy orau i ildio iddo – gwna dy hun yn gyfforddus ar y soffa a recriwtia bobl eraill i roi seibiant i ti. Yn ystod y dydd, mae'n werth sicrhau cyfnodau byr i leddfu straen a thensiwn drwy ymarfer ychydig o ystumiau ioga tawel (*gweler tudalen 138*).

Myth y 'fam orwych'

Ffocws cymdeithas ar berffeithrwydd – dyna sydd wrth wraidd y pwysau wrth fagu plant. Mae gwreiddiau dwfn iawn i fyth y fam berffaith, myth 'y fam orwych', sy'n hyrwyddo'r fam ddelfrydol fel rhyw fath o ferthyr. Mae'r syniad o 'fam orwych' yn siapio ein disgwyliadau o fywyd mam – gan roi pwysau enfawr ar famau i fodloni delfryd amhosib. Mae'n arwain at famau

yn credu bod yn rhaid iddyn nhw brofi iddyn nhw eu hunain a'r byd eu bod nhw'n ddigynnwrf, yn ymdopi ac yn gwerthfawrogi pob eiliad, hyd yn oed os nad ydyn nhw. Y gwir amdani yw hyn: mae delfryd y 'fam orwych' yn sicrhau bod mamau yn mynd i deimlo fel methiant.

Bydd gofalu am dy fabi yn esgor ar lawer iawn o adegau hudolus a thyner, ond mae natur anhrefnus, flinedig ac ailadroddus y pedwerydd trimis yn gallu bod yn dipyn o sioc. Rydyn ni'n gwybod bod babanod yn gallu ysgogi pob math o deimladau ynom ni, a'r rheiny'n gysylltiedig â'n profiadau unigryw ni o'n gorffennol ein hunain. Ond dydy'r 'fam orwych' ddim yn caniatáu unrhyw deimladau negyddol, ac mae hynny'n gorfodi menywod i gau eu cegau a chadw'n dawel. Wrth geisio bod yn fam 'dda', mae menywod yn gorfod edrych yn ddewr, a chuddio eu gorbryder, dicter neu dristwch. A'r cyfan mae'r ymdrechion i gynnal y 'masgiau mamolaeth' hyn yn ei wneud yw gwneud i famau deimlo bod pawb ond nhw'n ymdopi, ac mae hynny wedyn yn peri iddyn nhw deimlo'n fwy unig nag erioed.

Tanseilio'r 'fam orwych'

Mae cyflwyno ymwybyddiaeth ofalgar i ddisgwyliadau amhosib y 'fam orwych' yn cynnig rhyddhad – ac yn dy alluogi i wneud dewisiadau doeth o le mwy maddeugar. Mae camu'n ôl yn dy alluogi i

STORI MAM

Er fy mod i'n berson cyfeillgar a llawn bywyd, mi oeddwn i'n teimlo ychydig yn ynysig ac unig wrth beidio â chydymffurfio. Mi wnes i ddysgu bod yna ffordd safonol o wneud pethau, a bod methu â dilyn rhai rheolau anffurfiol yn gallu gwneud i'r rhiant mwyaf hyderus deimlo'n ansicr. Mi oedd peidio â chydymffurfio efo'r drefn arferol yn fy ngwneud i'n hunanymwybodol, i deimlo cywilydd ac yn wahanol i'r mamau eraill. Yr ateb oedd siarad ... a gwrando. Po fwyaf oeddwn i'n agor allan, mwyaf oeddwn i'n gallu gweld bod llawer o famau (a thadau) yn teimlo'n annigonol, a'n bod ni'n beirniadu'n hunain yn llawer mwy hallt nag unrhyw un arall. Yn yr hirdymor, dilyn fy ngreddf fel rhiant oedd yn rhoi hwb i'r hyder.

Greta, mam Gareth

sylwi ar farn negyddol gan eraill. Fel arfer, fodd bynnag, ti dy hun yw dy feirniad mwyaf hallt.

Y fam 'ddigon da'

Mae rhyddhau dy hun o afael tynn y 'fam orwych' yn golygu symud tuag at dderbyn dy fod ti'n fam 'ddigon da'. Yn hytrach na dymuno bod yn dduwies, meddylia amdanat ti dy hun fel rhywun sy'n garddio. Mae hon yn ffordd hyfryd o ddeall mam 'ddigon da' y seicdreiddiwr Donald Winnicott – rhywun sy'n porthi a chynnal ei babi gyda chariad a gofal tyner a sylwgar. Drwy gwmpasu teimladau cryf, mae hi'n cynnig sylfaen ddiogel.

Ond dydy'r fam ddigon da ddim yn santes, ac mae ganddi hi ei therfynau. Mae hi'n teimlo'r dynfa a'r ymbellhau emosiynol tuag at ei babi ac oddi wrtho. Mae hi'n teimlo'r gwrthdaro mewnol, ac mae hi'n gwneud camsyniadau weithiau. Mae hi'n ddynol. Dim ond rhyw draean o'r amser mae hyd yn oed y mamau mwyaf craff yn gwneud pethau'n 'iawn' – drwy hoelio sylw ac ymateb yn sensitif i ddiwallu anghenion eu babi. Y peth pwysicaf yw trwsio'r methiannau yn ddigon da.

Yn gyntaf, mae hyn yn ymwneud â sylwi ar dy feddyliau a dy deimladau a chysuro dy hun (*gweler tudalen 126*). Mae wedyn yn bosib ailgysylltu â dy fabi drwy gofleidio a geiriau tyner. Mae'r trwsio yn wers y gall rhywbeth cadarnhaol ddeillio o ennyd anodd neu ddiwrnod anodd. Felly gwna'n siŵr mai 'digon da' yw'r nod, a dos ati'n ofalgar i weithio dy ffordd yn rhydd o fachyn magu perffaith.

Jar diolchgarwch

Mae diwylliant defnyddwyr yn ein pledu gyda negeseuon sy'n ein hatgoffa, fel mamau, sut y dylem ni fod yn gwneud mwy, a'i wneud yn well. Mae arfer diolchgarwch yn ffordd o gydbwyso'r holl ymdrechu, a bydd hynny'n dy helpu i ymdopi.

1

Noda dri pheth rwyt ti'n teimlo'n ddiolchgar amdanyn nhw bob dydd – cyn mynd i'r gwely, yn ddelfrydol, gan fod meithrin diolchgarwch yn gwella cwsg. Ysgrifenna nodiadau ar ddarnau o bapur a'u cadw yn dy jar diolchgarwch.

2

Ceisia beidio ag ailadrodd yr un pethau, a bydda'n benodol. Er enghraifft, ysgrifenna 'mwynhau brecwast' a 'gwerthfawrogi'r fenyw wnaeth wenu arna i'. Mae'n werth cynnwys llwyddiannau bach, fel 'gorffen diod boeth'.

3

Os wyt ti eisiau gwneud hynny, beth am estyn diolchgarwch i dy bartner ac aelodau o dy gylchoedd cefnogaeth.

4

Nesaf, symuda ffocws dy werthfawrogiad atat ti a dy fabi. Pa weithredoedd bach ond arwyddocaol o gariad allai dy fabi deimlo'n ddiolchgar i ti amdanyn nhw heddiw? Ystyria gofleidio, siarad a chanu i dy fabi – yr holl bethau bach hynny wnaeth ei helpu i deimlo'n ddiogel.

5

Os wyt ti'n cael trafferth dal ati, rho nodyn atgoffa ar dy ffôn neu nodyn Post-it ar yr oergell fel anogaeth.

6

Dewis arall yw cadw dyddiadur diolchgarwch. Drwy nodi'r hyn rwyt ti'n ddiolchgar amdano a beth sy'n hwb i dy hwyliau, rwyt ti'n ailgyfeirio llwybrau niwral yr ymennydd i ganolbwyntio ar werthfawrogiad a boddhad.

ANADLU A MYFYRIO

Mynd am dro fyfyriol ym myd natur

Ar y dyddiau pan wyt ti'n fwy egnïol neu angen dy ofod, dos â dy fabi allan am dro. Hoelia dy sylw ar dy synhwyrau er mwyn aros wedi dy angori gyda'r dechneg sadio leddfol hon.

1

Anadla yn ddwfn ychydig o weithiau. Cyflwyna sylw gofalgar i dy synhwyrau. Dechreua drwy edrych i fyny ac o dy gwmpas.

2

Enwa **bum** peth rwyt ti'n gallu eu gweld. Rhywbeth agos neu'n bellach i ffwrdd, fel dy fygi, blodau, pobl neu gymylau. Dydy dy fabi ddim yn gallu gweld lliwiau eto, ond wrth iddo dyfu, ceisia ymarfer edrych ar y byd drwy ei lygaid.

3

Enwa **bedwar** peth rwyt ti'n gallu eu clywed. Sylwa ar synau cyfagos, fel adar yn canu neu bobl yn siarad. Gwranda heb farnu. Ceisia ddod yn ymwybodol o synau pell, fel grwn isel traffig.

4

Enwa **dri** pheth rwyt ti'n gallu eu cyffwrdd. Sylwa ar wead a theimlad pethau. Er enghraifft, teimlad y glaswellt meddal.

5

Enwa **ddau** beth rwyt ti'n gallu eu harogli. Anadla arogl rhywbeth yn ofalgar, fel gwddf dy fabi, neu olew sadio rwyt ti'n ei gario gyda ti, neu'r awyr iach.

6

Enwa **un** peth rwyt ti'n gallu ei flasu. Diod, efallai, neu ceisia feddwl am rywbeth y byddet ti wrth dy fodd yn ei flasu. Gwna'r ymarfer syml ond effeithiol hwn pryd bynnag rwyt ti allan gyda dy fabi.

Te llysieuol maethlon

Mae cynnal dy lefelau hydradu yn gallu bod yn heriol pan fyddi di'n bwydo ac yn gofalu am dy fabi. Mae mwynhau te llysieuol yn ddefod les adfywiol, ac yn ffordd dda o sicrhau dy fod yn yfed digon.

Gwranda ar arwyddion dy gorff gan ymateb yn ofalgar pan fyddi di'n teimlo'n sychedig. Gwna'n siŵr dy fod ti'n yfed digon, yn enwedig os wyt ti'n bwydo ar y fron. O ystyried eu priodweddau iachusol, mae te llysieuol yn ddewis da i famau newydd, o'u hyfed mewn cymedroldeb – un neu ddau gwpanaid o de gwan y dydd. Mae perlysiau sy'n cael eu hystyried yn iach ac yn ddiogel i famau newydd yn cynnwys **danadl**, **camri**, **gwellt ceirch**, **egroes** (*ar y dde*), **dail mafon coch** a **balm lemwn**. Mae te camri a the balm lemon yn opsiynau tawelu gwych sy'n cynorthwyo i dreulio bwyd. I roi hwb i dy egni, dewisa de egroes (*rosehip*) neu de danadl, sy'n llawn mwynau a fitamin C.

"Mae mynd ati'n ofalgar i baratoi a mwynhau dy de llysieuol yn weithred o hunanofal fach ond pwysig."

Tylino craith yn fyfyriol

Ar ôl toriad Cesaraidd, mae'n bosib y bydd gen ti deimladau cymysg am dy glwyf a'r graith. Mae cyfuno tylino ag anadlu gofalgar yn ddefod iachusol bwerus, sy'n dy helpu i gysylltu â dy gorff ôl-enedigol drwy gyffwrdd yn ysgafn.

1

Fe elli di ddechrau tylino craith toriad Cesaraidd cyn gynted ag y bydd y clwyf yn gwbl sych ac wedi gwella, fel arfer ar ôl chwech i wyth wythnos. Pan fyddi di'n teimlo'n barod, gwiria gyda meddyg neu fydwraig.

2

Gorwedd i lawr a rho dy law ar dy stumog. Anadla gyda phwrpas i mewn i'r diaffram. Symuda dy law yn dyner ar hyd neu uwchlaw dy graith.

"Mae tylino abdomenol tyner yn helpu i ailuno'r ymennydd a'r corff, gan hyrwyddo cylchrediad y gwaed ac iachâd."

3

Rhwbia ychydig o olew ar dy ddwylo gan dylino mewn cylchoedd mawr yr un ffordd â'r cloc ar draws dy abdomen. Defnyddia olewau oerwasgedig yn hytrach nag olewau synthetig. Mae opsiynau da yn cynnwys olew fitamin E, olew cnau coco ac olew egroes.

4

Os wyt ti'n gyndyn o gyffwrdd â dy graith yn uniongyrchol, beth am sgubo pêl o wlân cotwm yn ysgafn drosti.

5

Pan fyddi di'n barod, rho dy fysedd ychydig uwchlaw'r graith a gwthia i lawr yn dyner, gan symud dy fysedd i fyny ac i lawr ac o ochr i ochr. Ddylet ti ddim teimlo unrhyw boen, ond fe allai deimlo'n dyner. Os wyt ti'n teimlo unrhyw gyfyngiadau, gwthia'r meinweoedd yn ysgafn nes dy fod ti'n eu teimlo nhw'n llacio.

6

Rho gynnig ar un munud o dylino y dydd, gan gynyddu'n raddol i bum munud. Bob tro, dwed: 'Mae fy nghorff i'n wych – bydd cyffyrddiad yn ei helpu i wella'.

Bwyta'n rheolaidd i hybu egni

Pan fyddi di wedi blino'n lân, mae'n demtasiwn estyn am becyn o fisgedi er mwyn cael hwb sydyn i'r egni, ond ar ôl y rhuthr siwgr cychwynnol, fe fydd dy lefelau egni'n gostwng yn gyflym gan dy adael yn teimlo'n waeth nag erioed. Yn lle hynny, piga ar fyrbrydau maethlon ac iach.

Mae hepgor prydau bwyd yn achosi i lefelau'r siwgr yn y gwaed ostwng, gan ddisbyddu egni a dy wneud yn fwy agored i orbryder a theimladau o fod wedi dy orlethu. Mae bwyta'n rheolaidd a dewis y bwydydd cywir yn hollbwysig ar gyfer cynnal lefelau egni – sy'n hanfodol i bob mam newydd. Os wyt ti'n bwydo ar y fron, rwyt ti'n debygol o fod angen bwyta mwy o fyrbrydau i gynnal dy lefelau egni. Mae'n syniad da i ti gael powlen o **gnau** a **hadau** cymysg, heb halen, neu **ffrwythau** wrth law yn dy barth 'zen' (*gweler tudalen 86*) pan fyddi di'n bwydo dy fabi.

Byrbryd hawdd arall llawn protein yw ŵy wedi'i ferwi'n galed, ac mae'n bosib i ti ferwi sawl un ar y tro a'u cadw. Mae **hummus** (*ar y dde*) gyda ffyn **moron**, **ciwcymbr**, **pupurau** a **seleri** yn opsiynau da ac iach. Cyfuna nhw â phowlenni o ffrwythau maethlon isel ar yr indecs glycaemig (GI) fel **llus**, **mefus** a **gellyg**. Os wyt ti'n blino ar hummus, rho gynnig ar **fara ceirch** gyda **menyn cnau cashiw** a **banana** wedi'i sleisio fel tamaid i aros pryd.

Cysylltu â cherddoriaeth

Ers canrifoedd lawer, mae cerddoriaeth wedi cael ei defnyddio fel adnodd pwerus. Mae ei heffeithiau therapiwtig yn wybyddus, ac mae gwrando ar gerddoriaeth yn ofalgar yn caniatáu i ti a dy fabi rannu cyfnod lleddfol, ac yn dy helpu i ailgysylltu â phwy oeddet ti cyn i dy fabi gyrraedd.

Yng nghanol y cylch diddiwedd o fwydo a newid, mae'n bosib y bydd y ti oeddet ti cyn i dy fabi gyrraedd bron yn angof. Beth am y ti sydd wrth ei bodd yn teimlo'n rhydd a dawnsio tan yr oriau mân? Gall gwrando ar ganeuon poblogaidd o wahanol gyfnodau yn dy fywyd dy helpu i ailgysylltu â rhannau o dy hunaniaeth sy'n teimlo mor egwan a phell ar hyn o bryd. Gall un gân ddyrchafol sy'n gysylltiedig ag atgofion hapus roi hwb pwerus i dy hwyliau. Mae hefyd yn atgof gwerth chweil fod yr agwedd ddi-hid yna yn dal yno yn rhywle. Hyd yn oed os yw wedi llithro o'r golwg dros dro.

"Defnyddia gerddoriaeth fel dy therapi – boed hynny'n wrando ar y radio neu'n ffrydio dy hoff ganeuon."

GWRANDO AR GERDDORIAETH YN OFALGAR

Mae'n wybyddus fod cerddoriaeth yn lleihau gorbryder, iselder a blinder; yn hybu'r hwyliau; ac yn gwella ymatebion i boen. Ceisia ganolbwyntio'n fanwl ar dempo'r gerddoriaeth a'i holl haenau gwahanol.

Dewisa dy ganeuon

Mae'n syniad creu rhestrau chwarae penodol i dy helpu i reoli adegau penodol o'r dydd. Er enghraifft, dewisa ddetholiad o ganeuon ysgogol i roi hwb i dy egni di ac egni dy fabi. Gyda'r nos, beth am wrando ar restr chwarae hamddenol cyn mynd i'r gwely neu i leddfu dy fabi.

Creu dy atgofion cerddorol

Os wyt ti'n gwrando ar gerddoriaeth glasurol, dawns, roc neu reggae, mae'n syniad cynnwys dy fabi. Rydyn ni'n gwybod bod babanod yn ffurfio atgofion cerddorol yn y groth, gan ffafrio caneuon a gafodd eu chwarae iddyn nhw yn y groth hyd at flwyddyn ar ôl eu geni.

Cerddoriaeth egnïol

Yn union fel yn dy achos di, mae cerddoriaeth yn helpu i reoleiddio cyflyrau emosiynol dy fabi. Mae babanod yn cael eu hysgogi fwyaf gan gerddoriaeth gyflym sy'n dynwared curiad eu calon – felly tro'r sŵn i fyny a dos amdani i gael disgo cegin. Mae babanod wrth eu bodd gydag ailadrodd, felly mae'n syniad chwarae caneuon poblogaidd iawn iddyn nhw dro ar ôl tro. Mwynhewch ddawnsio gyda'ch gilydd!

Cerddoriaeth sy'n tawelu

Mae canu neu chwarae suo-ganeuon i dawelu ac i nodi amser cysgu yn arfer cyffredin ym mhedwar ban byd. Mae cerddoriaeth araf, sy'n symud yn rhydd ond ddim yn newid rhyw lawer, yn diffodd derbynyddion poen yn ein hymennydd ac yn ein paratoi ar gyfer cwsg. Wrth i ti ganu, suo a siglo dy fabi, bydd wrth ei fodd gyda rhythm cyson y synau a'r symud.

Rhoi taw ar dy feirniad mewnol

Mae pwysau i fagu plant yn berffaith yn dod o bob cyfeiriad – o'r tu mewn a'r tu allan, ar-lein ac oddi ar-lein. Mae'n werth dod i adnabod dy feirniad mewnol, sylwi ar yr hyn mae'n ei ddweud a'r teimladau y tu ôl i hynny. Wedyn fe elli di weithredu'n dosturiol i danseilio grym y bwli cas yma.

1

Meddylia am gyfnod llawn straen pan wnest ti feirniadu dy hun – sefyllfa a wnaeth i ti deimlo'n annigonol fel mam efallai.

2

Dychmyga bod dy feirniad mewnol yn bodoli y tu allan i ti. Pe bai'r beirniad mewnol yn diflannu, mae'n bosib y byddet ti'n teimlo rhyddhad. Ond sylwa ar unrhyw ofnau sy'n gysylltiedig â gollwng gafael arno – y byddi di'n mynd yn esgeulus, er enghraifft.

3

Dychmyga beth sy'n digwydd pan fydd dy feirniad mewnol yn gafael yn yr awenau. Mae'n bosib y bydd yn ymddangos fel rhiant beirniadol neu lais sy'n cega arnat. Hoelia dy sylw ar beth yn union ddywedodd dy feirniad mewnol pan oeddet ti dan straen.

4

Meddylia sut roeddet ti'n teimlo, diolch i'r bwli milain hwn. Oeddet ti'n teimlo dy fod ti wedi cael dy gosbi ac yn teimlo'n llawn gwarth? Wnest ti feddwl 'Dwi'n fethiant'?

5

Mae'n bosib y byddi di'n sylwi nad yw'r beirniad mewnol yn ofalgar nac yn gefnogol. Pa deimladau dolurus sydd wrth ei wraidd, sy'n arwydd o angen heb ei ddiwallu?

6

Gwna ddewis gofalgar i gysylltu â dy hunan tosturiol. Sut mae dy hunan caredig, ymroddedig a doeth yn gwneud i ti ddeall bod magu plant yn anodd a bod pob rhiant yn cael trafferth? Defnyddia'r datganiadau cadarnhaol isod i roi taw ar dy feirniad mewnol.

Siarada â ti dy hun yn dyner:

"Does yna ddim ffordd gywir o fod yn fam."

"Fe wna i drio mynd gyda'r lli."

"Mae'n iawn gwneud smonach ohoni – dysgu ydw i. Dwi'n gwneud fy ngorau glas."

"Mae yfory yn ddiwrnod newydd – mi wna i ddechrau efo dalen lân bryd hynny."

MAETH

Bwyd i hybu'r hwyliau

Yn ystod llanw a thrai dyddiau cynnar bywyd mam, gall gwneud dewisiadau gofalgar i fwyta bwydydd sy'n gwneud i ti deimlo'n dda – bwydydd sy'n llawn tryptoffan a magnesiwm – gael effaith gadarnhaol ar dy hwyliau ac ar dy les.

Mae tryptoffan yn asid amino hanfodol sy'n helpu dy gorff i gynhyrchu nïasin, fitamin sy'n chwarae rhan allweddol wrth greu'r niwrodrosglwyddydd serotonin. Mae serotonin yn cael ei gysylltu â lles a hapusrwydd, rheoleiddio gorbryder a hwyliau, a lleddfu iselder. Mae **cyw iâr**, **twrci**, **wyau**, **caws**, **pysgod**, **tofu** a **llaeth** i gyd yn ffynonellau da o tryptoffan. Mae hefyd i'w gael mewn **pysgnau**, **hadau pwmpen** a **hadau sesame**, felly defnyddia'r rhain fel byrbryd llesol neu beth am eu hychwanegu at salad i wneud cinio iachus.

Mae magnesiwm yn hanfodol ar gyfer hwyliau ac egni. Gall diffyg egni wneud i ti deimlo'n flinedig, yn llawn tensiwn ac ar bigau drain; mae hefyd yn effeithio ar y gallu i ganolbwyntio, ar y cof ac ar ansawdd cwsg (*gweler hefyd dudalen 160*). Ffordd naturiol o hybu lefelau magnesiwm yw bwyta digon o **afocados**, **tofu**, **grawn cyflawn** a **chodlysiau**. Ychwanega **gnau cashiw**, **almonau** a **chnau Brasil** i dy bowlen fyrbrydau, a sbwylia dy hun i **siocled tywyll** gydag o leiaf 70 y cant o gynnwys coco (*ar y chwith*) i gael y budd mwyaf.

Ymdopi â beirniadaeth

Fel mam newydd, gall ymdopi â'r llif diddiwedd o gyngor gan berthnasau, ffrindiau a dieithriaid dy flino di'n lân. Er mwyn dy helpu i ymateb yn hytrach nag adweithio, ceisia feithrin 'tosturi ffyrnig' drwy greu ffiniau clir.

1

Mae'n bosib y byddi di'n teimlo'n hynod fregus ac ar bigau drain yn ystod y pedwerydd trimis – ac mae'n hawdd i gyngor, er yn dod o le da, gael ei ystyried fel beirniadaeth. Pan fyddi di'n teimlo'r angen, mae'n werth holi am gyngor dy gylch mewnol dibynadwy. A chofia, ti yw'r arbenigwr pennaf arnat ti a dy fabi.

2

I ddelio â chyngor diangen, anadla'n ddwfn ychydig o weithiau, er mwyn rhoi gofod i ti allu cymryd cam yn ôl.

3

Os yw'r cyngor yn teimlo'n ymosodol neu'n fygythiad i'r ffordd rwyt ti'n dewis magu dy fabi, mae'n bwysig cydnabod unrhyw deimladau anodd. Rho dy law ar dy galon i ddangos tosturi tuag atyn nhw.

4

Hoelia dy sylw ar unrhyw feddyliau sy'n troelli yn dy ben. Os wyt ti'n teimlo ei bod hi'n bwysig dilysu dy ddewis, gwna hynny. Fel arall, gofynna i ti dy hun: 'Ydy hyn yn haeddu fy egni?'

Os wyt ti'n teimlo'r angen,
ystyria'r ymatebion llafar hyn i gyngor.
Gwena a dwed:

"Diolch, fe wna i gadw hynny mewn cof."

**"Fe ddywedodd fy meddyg X,
felly dwi am ddilyn y cyngor hwnnw."**

**"Diolch, dwi'n gwerthfawrogi dy syniadau.
Mae yna sawl ffordd o fagu plant,
a dyma'r ffordd dwi'n hapus efo hi."**

5

Os wyt ti'n teimlo wedi dy lethu, ailgyfeiria dy sylw at dy draed. Bydd dod yn ymwybodol o wadnau dy draed yn cysylltu â'r ddaear yn dy sadio. Fe fydd y weithred syml hon yn dy helpu i deimlo'n dawelach, gan dy alluogi i brosesu'r sylwadau heb gymaint o feirniadaeth. Dal dy afael yn yr hyn sy'n teimlo'n ddilys a llacia dy afael ar bopeth arall.

Olewau hanfodol sy'n sadio

Mae llawer o famau'n profi ymdeimlad brawychus wrth i'r awr annifyr agosáu, pan fydd babanod yn anniddig. Defnyddia olewau hanfodol i sefydlogi dy hun pan fydd y stormydd cythryblus hyn yn taro.

Mae'n bosib y byddi di'n sylwi bod dy fabi sy'n fodlon iawn ar y cyfan yn mynd yn ddrwg ei hwyliau tua diwedd y dydd. Yn y cyfamser, rwyt ti'n flinedig ac mae dy ben di'n teimlo'n llawn iawn. I adfer ymdeimlad o dawelwch, rho ddiferyn neu ddau o dy hoff olew hanfodol ar hances neu ar belen o wlân cotwm ac anadla'r arogl. Mae **lafant**, **patsiwli** a **mynawyd-y-bugail** i gyd yn cael eu hargymell i ysgogi llonyddwch a chydbwysedd. Mae **neroli** hefyd yn sefydlogi, ac mae **camri** (*ar y dde*) yn rhyfeddol o leddfol i ti a dy fabi. Cofia ddefnyddio olewau hanfodol yn gynnil – does dim angen llawer i greu effaith bwerus.

"Wrth i dy gyfradd anadlu a churiad dy galon arafu, mae'n bosib y gweli di fod dy fabi'n synhwyro dy gyflwr tawelach."

Dy le arbennig

Gall bod yn rhiant newydd deimlo'n llethol ar adegau – bydd cael "lle arbennig" i fynd iddo yn dy feddwl yn lleihau unrhyw orbryder. Gall dwyn atgofion hapus i gof fod yn ffordd effeithiol o leddfu dy hun a dod o hyd i dawelwch.

1

Hoelia dy sylw ar dy rythm anadlu naturiol. Meddylia am dy le tawel arbennig: traeth euraidd, efallai, neu goedwig neu fainc mewn gardd.

2

Cymer olwg o dy gwmpas: beth wyt ti'n ei weld? Môr glas disglair neu ddôl laswelltog? Nawr canolbwyntia ar yr hyn rwyt ti'n ei deimlo, cynhesrwydd yr haul neu awel ysgafn efallai. Wyt ti'n ymwybodol o unrhyw arogleuon? Gwynt y môr, efallai, neu wair sydd newydd gael ei dorri. Pa synau wyt ti'n sylwi arnyn nhw? Tonnau'n torri'n dawel ar y traeth, neu adar yn canu?

3

Dychmyga fod dy le arbennig yn teimlo llawenydd am dy fod ti yno. Gwena'n dyner ac ymlacia.

4

Nawr dychmyga wahodd rhywun "arall" tosturiol i dy le arbennig. Rhywun cefnogol efallai, neu anifail, delwedd, lliw neu ffurf naturiol. Fe fydd beth bynnag rwyt ti'n ei ddewis yn dy borthi di ym mhob ffordd – ac yn llawn rhinweddau fel dealltwriaeth a chynhesrwydd.

5

Ystyria pa ddoethineb allai'r presenoldeb ei gynnig i ti. Fe allai ddweud rhywbeth fel: 'Bydd pob dim yn iawn. Rwyt ti'n cael dy garu. Dwi yma gyda ti.'

6

Sylwa ar unrhyw synwyriadau hamddenol a dymunol yn dy gorff wrth i ti ddwyn dy dywysydd cariadus i dy noddfa ddiogel.

7

Ystyria air sy'n dy gysylltu di â dy le tawel. Cofia'r gair hwnnw ynghyd â'r teimladau hamddenol hynny.

8

Caria'r teimladau heddychlon hyn gyda ti am weddill y dydd. Pan ddaw storm, galwa arnyn nhw ac ar dy air arbennig er mwyn dy helpu i ymdawelu a theimlo'n ddiogel.

Myfyrio ar fod yn fam

Fe fydd deall pa fath o fam rwyt ti am fod yn help wrth i ti ddewis pa gyngor sy'n werth ei ystyried, a pha gyngor i'w ddiystyru. Gad i dy werthoedd dywys dy arddull fel mam – a gwna ddewisiadau doeth sy'n gweddu orau i dy deulu di.

1

Eistedda yn rhywle tawel lle gelli di feddwl am ennyd. Gwna nodyn o ambell beth wrth gwblhau'r ymarfer myfyriol hwn.

2

Dychmyga fod dy fabi wedi tyfu i fyny. Ystyria sut mae'n edrych a beth mae'n ei wneud.

3

Beth yw dy obeithion ar gyfer dy blentyn fel oedolyn? Pa rinweddau a phriodoleddau fyddet ti'n gobeithio eu hannog ynddo?

4

Nawr dychmyga dy fod yn clywed dy blentyn, fel oedolyn, yn siarad â ffrind am ba mor lwcus ydyn nhw i gael mam fel ti. Beth, yn benodol, mae'n ei werthfawrogi fwyaf amdanat ti? Beth fyddai'n ei ddweud sy'n arbennig amdanat ti?

5

Nawr tywys dy feddwl yn ôl i ti a dy fabi. Pe gallet ti fagu dy blentyn yn union fel yr hoffet ti wneud – heb unrhyw feirniadaeth allanol na llais dy feirniad mewnol – beth byddet ti'n ei wneud yn wahanol?

6

Ar ôl gorffen, cymer olwg ar dy nodiadau. Ceisia grynhoi unrhyw werthoedd allweddol ar bapur. Darllena dy nodiadau pryd bynnag y byddi di'n teimlo'n ansicr am benderfyniad neu her a gad i dy werthoedd dy dywys di.

Ymarfer ac ystum

Pan fyddi di'n dioddef o ddiffyg cwsg ac yn canolbwyntio ar dy fabi newydd, mae'n anodd dychmygu cael amser i wneud ymarfer corff. Ond mae creu cyfle i ganolbwyntio ar dy gorff ar ôl geni yn ffordd wych o ailgysylltu â ti dy hun eto.

Gall gofalu am dy fabi dy wneud yn lluddedig iawn yn gorfforol. Bydd gwneud amser i lacio'r tensiwn yn dy ysgwyddau yn help i leddfu unrhyw boenau, a hefyd yn dy atgyfnerthu yn emosiynol. Fel mam newydd, yr argymhelliad yw peidio ag ailafael mewn ymarfer corff tan chwe wythnos ar ôl geni drwy'r wain, a 12 wythnos ar ôl toriad Cesaraidd. Cyn dychwelyd i ymarfer ioga rheolaidd, fe ddylai bydwraig, athro ioga neu feddyg teulu wirio cyhyrau craidd dy abdomen i sicrhau nad oes unrhyw rwyg yno. Pan fyddi di'n barod i ddechrau, dos ati'n araf a thyner gyda'r gadwyn ioga hon, gan fod yn ymwybodol o sut wyt ti'n teimlo yn dy gorff.

"Fe fydd yr ystumiau tyner hyn yn help i leddfu'r tensiwn sy'n codi yn sgil gofynion gofalu am fabi newydd."

CADWYN 20 MUNUD

Fe fydd ystumiau ioga tyner yn dy helpu i adfer ffydd yn dy gorff, ac i feithrin perthynas fwy caredig ag ef. Dechreua'n araf ac yn dyner drwy wneud sawl un o'r ystumiau, cyn symud ymlaen i wneud y gadwyn gyfan wrth i ti adennill dy egni a dy gryfder.

01

PENGLINIAU AT Y FREST

Gorwedd ar dy gefn, a gorffwys dy ben ar obennydd. Tynna dy bengliniau at dy frest, un ar y tro. Rho dy ddwylo o gwmpas dy bengliniau a'u cofleidio'n ysgafn tuag at dy frest. Sigla am funud neu ddau, gan deimlo tylino hyfryd ar waelod dy gefn. Gwna'r symudiadau mor fawr neu fach, mor gyflym neu araf ag sy'n teimlo'n gyfforddus i ti. I orffen, rholia ar dy ochr a gwthia i fyny'n ofalus ar dy eistedd.

02

YSTUM ERYR AR EI EISTEDD

Eistedda'n gyfforddus, dy asgwrn cefn yn syth ac ymestyn dy freichiau yn llydan. Cofleidia dy hun, gan godi dy benelin a dy fraich chwith uwchben dy fraich dde. Cadwa dy ddau benelin wedi'u croesi a choda'r ddwy fraich am i fyny. Gad i dy arddyrnau gylchdroi o amgylch ei gilydd fel bod cledrau'r ddwy law yn cyffwrdd, a'r breichiau'n plethu. Anadla'n gyfforddus. Wrth i ti anadlu allan, tynna dy ysgwyddau i lawr yn dyner a chod dy ddau benelin oddi wrth dy frest. Dalia'r ystum am 10 anadl, cyn gostwng dy freichiau ac ailadrodd yr ymarfer gyda dy fraich dde ar ben dy fraich chwith.

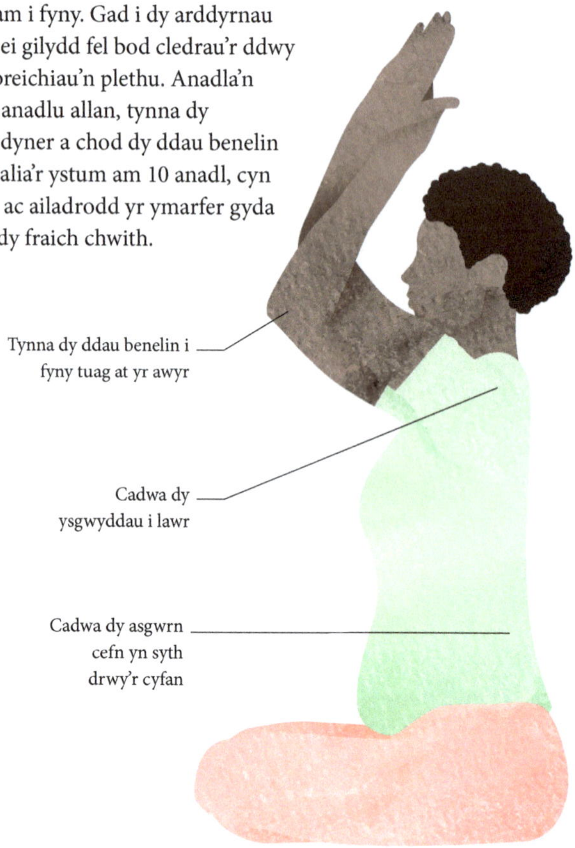

03

Y GATH

Symuda'n araf ar dy bedwar i mewn i'r ystum Pen Bwrdd. Fe ddylai dy ddwylo fod yn union o dan dy ysgwyddau, dy bengliniau led dy gluniau ar wahân, a dy gefn yn wastad. Anadla'n gyfforddus. Wrth i ti anadlu allan, symuda dy asgwrn cefn i greu siâp bwa, gan dynnu dy gefn i fyny tuag at yr awyr. Dalia'r ystum, yna pwysa drwy dy ddwylo wrth i ti ryddhau'r ysgwyddau oddi wrth dy glustiau. Os wyt ti'n gallu, gwthia dy asgwrn cefn am i fyny ychydig a dal yr ystum am 5-7 anadl. Ymgysyllta'n dyner â llawr dy belfis, ond dim ond os yw'n teimlo'n gyfforddus. Symuda'n ôl i'r ystum Pen Bwrdd ac ailadrodd yr ymarfer dair gwaith.

RHYDDHAU TENSIWN

Mae'r ystum sadio hyfryd hwn yn canolbwyntio'n ofalgar ar dy anadl i ryddhau unrhyw dyndra neu densiwn.

04

YSTUM PEN BWRDD AC YMESTYN CROTH Y GOES

O'r ystum Pen Bwrdd, pwysa dy ddwylo i'r llawr gan ddod o hyd i safle sefydlog. Estyn un goes yn ôl, gan gau bysedd dy draed ac ymestyn drwy dy sawdl. Anadla i mewn ac, wrth i ti anadlu allan, estyn cefn dy goes er mwyn ymestyn croth y goes, sy'n deimlad braf. Dalia'r ystum am hyd at 10 anadl os yw'n gyfforddus. Symuda'n ôl i'r ystum Pen Bwrdd ac ailadrodd yr ymarfer gyda'r goes arall. Ailadrodda'r ymarfer os wyt ti eisiau, cyn gwthio dy hun yn ôl ar dy bengliniau a sefyll ar dy draed yn ofalus.

05

YSTUM Y MYNYDD

Saf gyda dy draed lled clun ar wahân. Ymgysyllta'n dyner â dy goesau, gan dynnu pontydd dy draed a'r pengliniau i fyny nes dy fod ti'n teimlo'n sefydlog ac yn sad. Defnyddia gyhyrau llawr dy belfis i helpu gyda sefydlogrwydd. Estyn dy asgwrn cefn a dy wddf. Sylwa ar symudiad ysgafn yr anadl yn rhan uchaf dy gorff, gan greu ymdeimlad o ysgafnder, ehangu a rhwyddineb. Dalia'r ystum am tua munud.

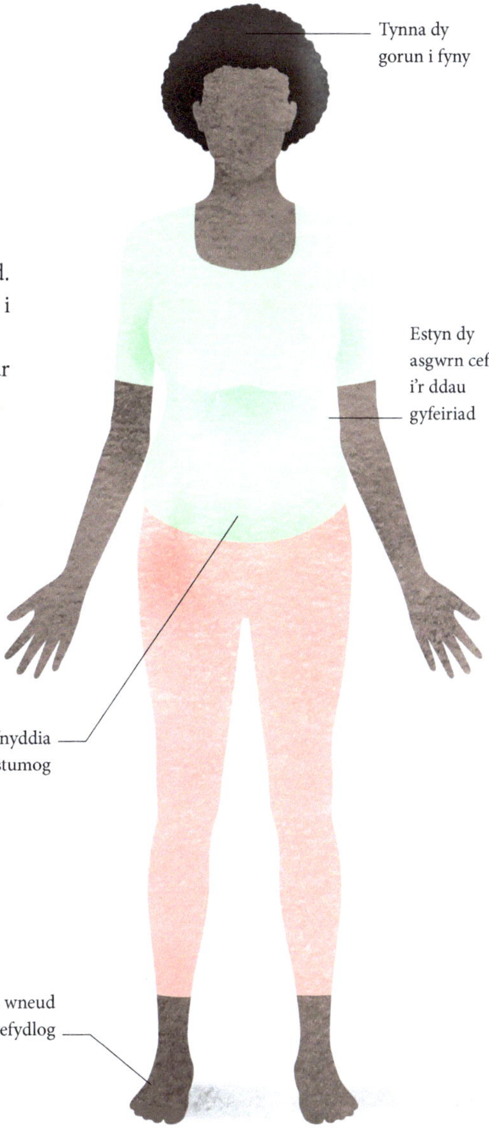

06

PLYGU YMLAEN AR DY EISTEDD

Eistedda'n gyfforddus ar floc neu glustog gan ymestyn dy goesau yn syth allan o dy flaen. Plyga dy bengliniau ychydig os yw'n fwy cyfforddus. Ymestyn dy freichiau i fyny, gan godi o gyfeiriad y pelfis i greu cymaint o hyd ag y gelli di. Plyga ymlaen yn araf, gan adael i dy ddwylo orffwys wrth ochr dy goesau. Paid â gwthio na thynnu dy hun i'r ystum hwn, dim ond gadael dy hun i fodoli a hoelio sylw ar dy anadl. Teimla'i rhythm ysgafn yn mynd a dod. Dalia'r ystum am hyd at 10 anadl.

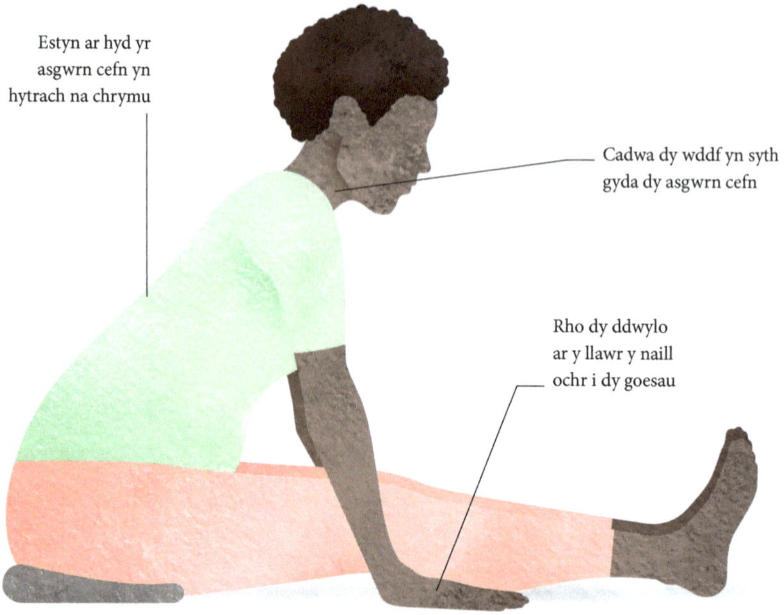

07

YSTUM ADFEROL GORWEDD OCHROL

Gorwedd ar dy ochr, gan osod clustog o dan dy ben i gynnal dy wddf. Plyga un neu ddau ben-glin, gan osod clustogau neu flociau rhyngddyn nhw, a'u gorffwyso ar y llawr ychydig o dy flaen. Gad i dy fraich isaf orffwys yn ysgafn ar y llawr, mewn llinell â dy ysgwydd sydd agosaf at y llawr. Gad i ran uchaf dy fraich uchaf orffwys lle bynnag sy'n teimlo'n gyfforddus. Anadla, ymlacia a llacia dy afael ar bethau. Dalia'r ystum cyhyd ag wyt ti eisiau.

BWYDO DY FABI

Mae'r ystum hwn yn hamddenol iawn ac yn un arbennig o addas ar gyfer bwydo dy fabi.

"Rho ganiatâd i dy hun wneud dim byd ond bodoli, gan ganolbwyntio ar dy anadl."

YMDDANGOS O'R NEWYDD GYDA DY FABI

Yn y cyfnod o dri i chwe mis, mae'n bosib y byddi di'n setlo i dy rôl ac y byddi di'n mwynhau gweld dy fabi'n gwenu'n aml. Er mwyn dy helpu i ymdopi â diffyg cwsg, pwysa ar fyfyrio a delweddu tosturiol, meddyginiaethau naturiol, a chyngor maeth sy'n targedu hwyliau a chwsg. Mae'n werth rhoi cynnig ar siarad a gwrando gofalgar er mwyn cysylltu â dy bartner neu gyd-riant.

CYFLWYNIAD

Ymddangos o'r newydd gyda dy fabi

Wrth i dy fabi bach ymateb fwy a mwy, gan dy wobrwyo gyda gwichian a gwenu, gall dy galon deimlo fel pe bai ar fin ffrwydro. Mae angen i ti ddathlu eiliadau cofiadwy'r cysylltu – maen nhw'n dangos pa mor bell rwyt ti a dy fabi wedi dod.

Wrth i dy fabi symud allan o'r cyfnod newydd-anedig, mae'n bosib y byddi di'n teimlo ymdeimlad o ddod allan o'r swigen babi ac yn dechrau cysylltu â'r byd eto. Efallai y byddi di'n mynd allan yn amlach, ac yn cyfarfod â mamau eraill mewn caffis a grwpiau rhiant a babi. Efallai y byddi di hefyd wedi meithrin gwell rhythm gyda dy fabi, neu o leiaf yn dysgu rhai o'i batrymau bwydo a chysgu.

Mae'n bwysig gwneud dim byd ond treulio amser gyda dy fabi, yn ymarfer cymryd tro a dynwared yr hyn mae'n ei wneud. Bydd dy fabi wrth ei fodd pan fyddi di'n ymateb i'w synau gyda geiriau, a bydd y rhyngweithio chwareus hwn yn helpu i feithrin ei hunan-werth ac yn rhan allweddol o'i ddatblygiad (*gweler tudalen 152*). Mae'n syniad dal ati i fynd am dro ofalgar gyda dy fabi (*gweler tudalen 116*), gan dynnu sylw at y pethau rwyt ti'n gallu eu gweld, eu clywed neu eu harogli. Gyda dy fabi'n effro am gyfnodau hirach bellach, mae'n bosib y byddi di'n sylwi ar heriau newydd. Mae'n debygol iawn mai un o'r heriau hynny fydd ymdopi â blinder a fydd yn cronni yn sgil yr holl gwsg rwyt ti'n ei golli. Er bod babanod yn dod yn fwy effro ac yn cysgu llai yn ystod y dydd, bydd y rhan fwyaf yn dal i ddeffro am fwyd a chysur yn y nos am beth amser eto. Defnyddia feddyginiaethau naturiol i wella dy gwsg (*gweler tudalen 164*), ynghyd â ioga i adfer dy egni yn ôl yr angen (*gweler tudalen 174*).

Colli cwsg

Fel mam newydd, gall deimlo fel pe baet ti'n cerdded ar raff dynn. Ambell ddiwrnod, pan fyddi di wedi cysgu'n dda, fe fyddi di'n teimlo'n anorchfygol, ac yn mynd i'r afael â thasgau gydag ystwythder acrobat. Dro arall, ar ôl nosweithiau o gysgu ysbeidiol, fe fyddi di'n teimlo ar bigau drain, yn fregus ac yn llawn anobaith. Mae cysgu am gyfnodau o awr neu ddwy yn dy amddifadu o gwsg dwfn a chwsg REM, sy'n bwysig ar gyfer breuddwydion, dysgu a'r cof. Mae mamau newydd yn disgrifio blinder mor ddwys fel eu bod nhw'n rhoi allweddi'r tŷ yn yr oergell ac yn chwilio ar-lein i weld a ydy hi'n bosib i fenyw farw o ddiffyg cwsg.

Meddyliau a theimladau anodd

Dydy colli cwsg ddim yn jôc: mae'r diffyg cronnus yn achosi lludded corfforol, llai o egni, anniddigrwydd, colli cof tymor byr a thrafferth yn canolbwyntio. Yn ogystal, mae tarfu cronig ar gwsg yn gysylltiedig ag iselder a gorbryder. Mae'n bosib y byddi di'n teimlo mor flinedig fel y byddi di'n poeni y gallai dy fabi ddioddef niwed yn anfwriadol. Anaml iawn y bydd unrhyw un yn sôn am yr ofnau hyn, ond maen nhw'n anhygoel o gyffredin. Mae astudiaethau'n dangos bod pob menyw fwy neu lai yn profi meddyliau ymwthiol digroeso am eu babi'n dioddef niwed ar ddamwain. Mae un o bob dwy fenyw hefyd yn sôn am feddyliau ymwthiol yn ymwneud â niweidio eu babi yn fwriadol – er na fydden nhw byth yn gwneud hynny'n fwriadol go iawn. O ystyried natur

tabŵ meddyliau poenus a chynhyrfus o'r fath, maen nhw fel arfer yn ennyn cywilydd dwys, arswyd, euogrwydd a diffyg rheolaeth. Mae llawer o fenywod yn dehongli'r gweledigaethau byw hyn fel arwydd eu bod nhw'n famau gwael neu'n colli eu pwyll. Ond mae'r union ffaith fod mamau yn teimlo cywilydd neu arswyd wrth brofi'r meddyliau hyn yn arwydd cryf nad ydyn nhw'n mynd i wneud niwed i'w babi.

Mae ymwybyddiaeth ofalgar yn caniatáu i ti gamu'n ôl o ymyriadau annymunol, heb gael dy fachu ganddyn nhw a dechrau lladd ar dy hun am fod yn fam wael, dim ond am feddwl y fath beth (*gweler tudalen 172*). Bwriad – dyna yw'r allwedd yma. Os wyt ti'n cael awydd neu fwriad llethol i niweidio dy hun neu dy fabi, mae angen i ti holi am gymorth ar fyrder (*gweler tudalen 214*).

Ymdopi â diffyg cwsg

Un o driciau creulon diffyg cwsg yw'r ffordd y mae'n ystumio ein canfyddiad o'n gallu i ymdopi. Yn ddigon dealladwy, mae cael dy ddeffro sawl gwaith yn ystod y nos yn creu straen. Mae mamau sy'n bwydo ar y fron yn gallu profi atgasedd at wneud hynny a theimlo eu bod yn methu â dioddef cyffyrddiad mwyach – gydag hynny wedyn yn eu llethu â syniadau hunanfeirniadol fel "Dwi'n methu – dydw i ddim yn gallu ymdopi." Mae'r credoau hyn sy'n deillio o ofn yn cael eu siapio yn rhannol gan fyth y 'fam orwych', sy'n

“ ” STORI MAM

Cyn geni fy merch, roeddwn i'n ymwybodol o amddifadedd cwsg, ond dydw i ddim yn credu bod unrhyw beth yn gallu paratoi rhywun ar ei gyfer e. Ar ôl dod adre, dim ond ychydig oriau fan hyn fan draw roeddwn i'n llwyddo i gysgu. Roeddwn i mewn cyflwr o sioc a goroesi cyson, ac roedd unrhyw egni oedd gen i ar ôl yn cael ei lyncu gan fwydo a diogelu'r babi. Fe wnes i ddechrau cael meddyliau ymwthiol ac roeddwn i'n ofni'n enaid bod y meddyliau hyn yn golygu fy mod i'n mynd yn wallgo, felly fe wnes i eu cadw nhw i fi fy hun. Yn y pen draw, fe wnes i ddysgu bod y mathau hyn o feddyliau yn gyffredin ac nad oeddwn i'n eithriad. Fe bylodd y meddyliau, ac roeddwn i'n gwybod erbyn hynny nad oedd yna unrhyw beth yn bod arna i. Unwaith i'r lefelau gorbryder setlo, fe ddaeth cwsg o'r diwedd, a finnau wedyn yn gallu dechrau mwynhau'r amser gyda fy mabi.

Pippa, mam Peggy

"Myfyria ar effaith dy 'ysbrydion magu' – ond ystyria dy angylion hefyd."

mynnu bod mamau perffaith yn llwyddo i dawelu eu babi bob tro. Mae sylwi ar dy emosiynau yn yr ennyd yn golygu wynebu dy deimladau a mynd i'r afael â nhw. Mae defnyddio dy anadl a dy gorff i ddod o hyd i le diogel mewnol yn dy alluogi i feithrin empathi a gweld y darlun ehangach, i ti a dy fabi. Defnyddia'r ymarferion sadio ar dudalennau 168 a 170 i dy helpu.

Mae'r hyn rwyt ti'n gallu ei ddioddef yn dibynnu ar dy amgylchiadau unigryw di, ac ar dy brofiadau cynnar. Wrth i ti ddod yn fam, gall "ysbrydion magu" ddod i'th ran. Mae'r "ysbrydion" yma'n deillio o'r berthynas gyda dy brif ofalwyr di, a'r hyn wnest ti ei ddysgu amdanat ti dy hun, pobl eraill a'r byd o dy gwmpas. Os na chest di dy gefnogi i deimlo'n dawel a diogel pan oeddet ti'n blentyn, gall y broses o fod ar wahân i dy fabi dy hun, er enghraifft, wrth ei setlo i gysgu, ysgogi teimladau poenus. Gall creu lle i rannu teimladau anodd gyda dy bartner neu berson cefnogol arall dy ddilysu a rhoi ymdeimlad o gwmpasu ti, gan dy helpu i deimlo'n fwy cysylltiedig (*gweler tudalen 166*).

Gofalu amdanat ti dy hun

Gall stormydd emosiynol y misoedd cynnar, wedi'u dwysáu gan ddiffyg cwsg a phwysau i fagu plant yn berffaith, arwain at symud yn ôl ac ymlaen rhwng y cyflwr "bygythiad" a'r cyflwr "gwneud". Pan fyddi di'n lluddedig a dan straen, mae'n anodd dod o hyd i eglurder neu dosturi tuag atat ti dy hun na dy fabi.

Mae dysgu gofalu amdani hi ei hun yn ogystal â'i babi yn her i bob mam. Mae sbarduno'r system leddfu a bod yn garedig tuag atat ti dy hun yn gofyn am ymdrech fwriadol – wnaiff o ddim digwydd ar ei ben ei hun. Mae angen gwneud dewisiadau gofalgar a thosturiol, megis creu trefn amser gwely heddychlon (*gweler tudalen 164*) a dewis bwydydd maethlon (*gweler tudalen 154 a thudalen 160*). Ceisia wneud lle ar gyfer emosiynau anodd, cydnabod pan fydd dy gwpan yn gorlifo, lleddfu dy hun a blaenoriaethu amser i ti dy hun drwy arfer ioga nidra (*gweler tudalen 158*) neu ioga adferol (*gweler tudalen 174*).

Gwerthfawrogi amser chwarae yn ofalgar

Mae chwarae yn helpu dy fabi i ddeall y byd wrth iddo ddysgu sut i ganolbwyntio ei sylw, cymryd tro a phrofi syniadau newydd. Ti yw ei hoff degan – ceisia ymlacio a chyflwyno dy bresenoldeb gofalgar i'r amseroedd hyn.

"Mae chwarae yn cynnig cipolwg hyfryd ar fyd dy fabi."

1

Neilltua 10 munud o amser chwarae o safon bob dydd i feithrin dy berthynas â dy fabi. Mae dy fabi wrth ei fodd gyda dy bresenoldeb sylwgar. Ildia i'r amser arbennig hwn.

2

Mae chwarae yn cynnig cipolwg hyfryd ar fyd dy fabi. Ond gall hefyd ennyn gorbryder neu ddiflastod, yn dibynnu ar dy brofiadau fel plentyn. Ystyria a gafodd chwarae ei fodelu i ti, ac a gafodd ei annog.

3

Mae angen i ti wrthsefyll pwysau i ddysgu dy fabi. Mae'n darganfod ei allu i gael effaith ar y byd. Sylwa ar unrhyw farn neu feirniadaeth sy'n dod i'r amlwg a llacia dy afael arnyn nhw. Y cyfan sydd angen i ti ei wneud yw arsylwi a bod yn chwilfrydig.

4

Dal dy fabi wyneb yn wyneb â ti dy hun, a dynwared yr olwg ar ei wyneb, ei synau a'i ystumiau. Mae babanod wrth eu bodd yn edrych ar wynebau dynol. Beth am chwarae gemau pi-po a gemau côl.

5

Gwylia dy fabi yn archwilio gwahanol ddeunyddiau, gweadau a siapiau, fel llwy bren, pêl, neu beg dillad.

6

Wrth iddo chwarae, rho gynnig ar sylwebu. Dwed beth rwyt ti'n ei weld – yn hytrach nag ymyrryd – gan fod hynny'n rhoi llais i brofiad dy fabi.

7

Sgwrsia gyda dy fabi wrth iddo chwarae. Dros amser, bydd y sgyrsiau hyn yn cyfoethogi datblygiad iaith.

MAETH

Rhagfiotigau a phrofiotigau

Mae rhagfiotigau a phrofiotigau yn hanfodol ar gyfer perfedd iach. Gan fod y pedwerydd trimis yn gallu bod yn amser sy'n achosi gorbryder, ac mae tystiolaeth yn awgrymu bod rhai problemau hwyliau yn gysylltiedig ag iechyd y perfedd, mae'n syniad cynnal cydbwysedd y perfedd.

Bwydydd ffibrog sydd ddim yn cael eu treulio – dyna yw rhagfiotigau – ac maen nhw'n bwydo bacteria llesol. Mae profiotigau ar y llaw arall yn cynyddu'r bacteria llesol sydd yn y perfedd. Er mwyn hybu dy gyflenwad o ragfiotigau, mae angen cynnwys **winwns**, **garlleg** (*ar y chwith*), **cennin**, **asbaragws** a **ffacbys** wrth gynllunio prydau bwyd. Straeniau o facteria byw a burum yw profiotigau (sydd i'w cael mewn bwydydd wedi'u ffermentio) sy'n gallu bod o gymorth gyda threulio bwyd, metabolaeth a chwsg. I gynyddu'r cyflenwad o brofiotigau, mae angen bwyta mwy o fwydydd wedi'u ffermentio, fel '**kimchi**', '**miso**', '**kefir**', '**sauerkraut**', '**kombucha**' ac **iogwrt byw**.

"Mae ymchwil sy'n addawol wedi tynnu sylw at gysylltiad rhwng iechyd perfedd mam a'i hwyliau."

CYSYLLTU Â GWERTHOEDD

Siarad a gwrando gofalgar

Mae beichiogrwydd a chroesawu babi newydd yn newid dynameg perthynas cwpl. Pan fydd angen cymaint o egni i ofalu am eich babi bach, mae angen ymdrech ymwybodol weithiau i ailgysylltu â dy bartner.

Mae'r ymarfer hwn yn dy wahodd di a dy bartner (neu rywun arall cefnogol) i greu gofod diogel ac agored i wir wrando ar eich gilydd. Cyn i chi ddod ynghyd, mae angen i chi'ch dau ystyried beth sy'n eich rhwystro rhag clywed eich gilydd. Gall blinder a straen arwain at y naill a'r llall yn cau i lawr, neu'n herio a beio'ch gilydd, yn dibynnu ar sut rydych chi'n adweithio. Mae cwmpasu dy fabi yn gwneud i dy ben deimlo'n llawn (*gweler tudalen 68*). Er mwyn teimlo wedi dy gwmpasu, mae'n bosib y byddai gwrando empathetig yn fwy addas – yn hytrach na cheisio datrys problemau.

"Gall straen magu plant arwain at ddiffyg cyfathrebu – mae angen creu cyfle i siarad."

AILGYSYLLTU Â DY BARTNER

Defnyddia'r ymarfer hwn fel taith fyfyriol o ddarganfod. Cyn dechrau, trafodwch beth rydych chi'n gobeithio'i gael o'r ymarfer, gan gytuno ar nod o gyd-ddealltwriaeth.

Gwneud amser i siarad

Neilltuwch 20 munud yr wythnos i ofyn y cwestiynau isod. Bydd y person cyntaf sy'n ymateb yn rhannu ei deimladau'n onest, heb i'r llall dorri ar ei draws na'i feirniadu. Bydd yr ail berson wedyn yn gwneud yr un peth.

Agwedd dawel

Cyn ateb pob cwestiwn, anadla'n ddwfn sawl gwaith. Gwiria ti dy hun, gan sylwi ar unrhyw deimladau, emosiynau neu feddyliau. Gofynna i ti dy hun: "Beth yw fy mwriad i? Beth sydd ei angen arna i?"

Pwysigrwydd gwrando

Wrth wrando, cynigia rodd o sylw caredig i dy bartner. Defnyddia dy anadl fel angor i dy helpu i aros yn bresennol. Cyflwyna agwedd dderbyngar, gan droi dy sylw'n ôl i'r anadl os daw cythrudd neu feirniadaeth i'r amlwg.

Cwestiynau i'w gofyn

Bydd y person cyntaf yn gofyn pob un o'r cwestiynau canlynol yn ei dro, a'r ail berson yn ymateb yn onest iddyn nhw.

"Sut oedd dy ddiwrnod di?"

"Sut wyt ti'n teimlo?"

"Dwed wrtha i am un peth sydd wedi mynd yn dda yr wythnos hon."

"Dwed am un peth sydd wedi teimlo'n anodd yr wythnos hon."

Atebion

Pan fyddwch chi'ch dau wedi ymateb, trafodwch atebion posib. Os mai cael cydnabyddiaeth am yr hyn rwyt ti'n ei wneud sydd ei angen arnat ti, gofynna am hynny. Neu fe allai fod yn awydd i gael dy gofleidio, neu gais logistaidd, fel cymryd eich tro i roi bath i'ch babi neu baratoi ei brydau bwyd. Gorffennwch drwy ddiolch i'ch gilydd am ddod â phresenoldeb agored i'r ymarfer.

Ioga nidra

Mae ioga nidra yn gyflwr o ymwybyddiaeth rhwng cwsg ac effro, fel arfer wedi'i ysgogi gan fyfyrdod wedi'i dywys. Mae'r arfer pwerus hwn yn hyrwyddo gorffwys a heddwch mewnol, ac yn cynnig adferiad dwys i famau blinedig.

1

Gorwedd yn gyfforddus a gadael i dy gorff ymlacio'n llwyr. Cysyllta â dy synhwyrau. Canolbwyntia ar bob anadl i mewn a phob anadl allan. Teimla bob anadl allan yn ymlacio'r corff.

2

Noda dy awydd twymgalon o ran sut rwyt ti eisiau teimlo neu fod. Er enghraifft: "Dwi'n ddigon." Dychmyga sut byddai pethau pe bai hyn yn digwydd nawr.

3

Cyfeiria dy sylw o amgylch dy gorff. Gan ddechrau gyda dy fawd de, enwa bob rhan o dy gorff yn dy feddwl wrth i ti deithio i lawr ochr dde dy gorff, cyn symud drosodd i dy ochr chwith.

4

Gad i dy ymwybyddiaeth ymlacio pob rhan o'r corff, cyn cyflwyno dy ymwybyddiaeth i dy anadl. Arsylwa ar dy anadl am 10 anadliad, gan ailadrodd yn dawel: 'Mae'r corff yn anadlu i mewn ... mae'r corff yn anadlu allan.'

5

Sylwa ar ymdeimlad o drymder yn y corff. Nawr, mae angen i ti wahodd ymdeimlad o ysgafnder i mewn. Sylwa ar y ddau deimlad am yn ail.

6

Dychmyga dy fod ti allan ym myd natur, yn dy le arbennig efallai. Sylwa ar yr harddwch o dy gwmpas, a hoelia dy sylw ar beth wyt ti'n gallu ei weld, ei glywed a'i arogli. Rwyt ti'n teimlo'n ddiogel yma ac wedi ymlacio. Anadla'r aer adfywiol i mewn. Fe elli di ddychwelyd i'r lle hwn pryd bynnag y bydd angen i ti deimlo'n heddychlon ac yn gyfforddus.

7

Gad i ymwybyddiaeth orffwys yn dy galon am ychydig funudau. Yna dechreua symud dy ymwybyddiaeth o dy fyd mewnol i dy fyd allanol. Ailgysyllta â dy gorff corfforol. Sylwa ar dy anadl, ac yn raddol, cyflwyna symudiad yn ôl i'r corff. Mae'n werth cynnig ennyd o ddiolchgarwch i ti dy hun am roi amser i ti dy hun orffwys.

Bwydydd sy'n gwella cwsg

Gall diffyg cwsg wneud i ti deimlo'n annelwig gyda blinder, ac fe fyddi di'n methu canolbwyntio neu fwynhau dy fabi i'r eithaf. Er mwyn gwella ansawdd cwsg, canolbwyntia ar fwyta bwydydd sy'n llawn melatonin, magnesiwm a thryptoffan.

Er mwyn gwella dy gwsg, ceisia fwyta llond llaw o **almonau** ychydig oriau cyn amser gwely. Mae almonau yn cynnwys magnesiwm a melatonin, yr hormon sy'n rheoleiddio cwsg. Y dyb yw bod magnesiwm yn gallu hybu cwsg oherwydd ei allu i leihau lefelau cortisol, sy'n gallu tarfu ar gwsg. Mae tystiolaeth hefyd i awgrymu y gall cael dogn cymedrol o brotein cyn mynd i'r gwely gyfrannu at gwsg o ansawdd uwch, felly mwynha frechdan **twrci** fel pryd min nos. Mae twrci yn ffynhonnell dda o brotein ac mae'n cynnwys yr asid amino tryptoffan, sy'n hybu cynhyrchu melatonin. O ran diod sy'n ysgogi cwsg, mae'n werth yfed dwy lwy fwrdd o **sudd ceirios siarp** crynodedig (*ar y dde*).

"Mae ceirios siarp yn ffynhonnell arbennig o felatonin a thryptoffan."

Dail ar nant

Cofia – nid ti yw dy feddyliau. Defnyddia'r ymarfer hwn i wahanu dy hun oddi wrth dy feddyliau a dy deimladau. Sylwa arnyn nhw ac edrych arnyn nhw heb eu barnu neu gael dy lyncu ganddyn nhw.

1

Eistedda'n gyfforddus. Defnyddia dy anadl i dy angori yn yr ennyd bresennol. Dychmyga dy hun yn eistedd wrth ymyl nant sy'n llifo dawel, gyda dail yn cael eu cario'n dyner ar wyneb y dŵr.

2

Daw syniadau i dy feddwl. Rho'r syniad nesaf sy'n codi ar ddeilen a gadael iddo nofio heibio. Gwna hyn gyda phob syniad, os yw'n un hapus, trist neu niwtral – rho'r syniad ar ddeilen a gad iddo lithro heibio.

3

Gad i'r nant lifo ar ei chyflymder ei hun. Paid â cheisio gwneud iddi lifo'n gynt neu wthio dy feddyliau ymaith. Yn syml, gad iddyn nhw ymddangos a diflannu, heb gael dy ddal ganddyn nhw.

4

Os yw dy feddwl yn dweud: "Mae hyn yn wirion" neu "Mae hyn yn ddiflas", sylwa ar y meddyliau hynny a'u rhoi nhw ar y dail hefyd. Gwylia nhw'n pasio heibio.

5

Os bydd teimlad annifyr neu boenus yn codi, bydd angen i ti gydnabod hynny. Dwed yn fewnol: 'Dwi'n sylwi fy mod i'n teimlo'n ddiamynedd neu'n rhwystredig' (neu deimlad trafferthus arall). Gosoda'r meddyliau hynny ar y dail a gad iddyn nhw lifo heibio.

6

O bryd i'w gilydd, fe fyddi di'n cael dy fachu gan dy feddyliau. Mae angen cydnabod bod hynny'n normal.

7

Os yw dy sylw'n crwydro, ailgyfeiria dy sylw yn ôl at y nant cyn gynted ag y byddi di'n sylwi.

8

I gloi, sylwa ar y ddaear o dan dy draed a'r aer yn erbyn dy groen, a dos yn ôl i'r ystafell yn araf bach.

Defodau amser gwely tawel

Ar ôl misoedd o golli cwsg, mae'n bosib y bydd yn rhaid i famau blinedig "ailddysgu" sut i gysgu eto. Mae'n syniad creu defodau min nos, gan ymgorffori meddyginiaethau naturiol fel olewau hanfodol tawel a the llysieuol, i dy helpu i ymlacio.

Dydy hi ddim yn hawdd gwneud amser ar gyfer trefn amser gwely, ond mae gwneud hynny'n caniatáu i dy gorff a dy feddwl baratoi ar gyfer cwsg. Gwna dy lofft yn lle digyffro: lle tawel, tywyll ac oer iach. Datgysyllta o weithgareddau sy'n cyffroi'r emosiynau, fel y cyfryngau cymdeithasol neu drafodaethau dwys gyda dy bartner. Mae'n syniad osgoi bwyta pryd trwm neu yfed alcohol am o leiaf dwy awr cyn mynd i'r gwely. Mae te llysieuol yn ddiod ddelfrydol ar gyfer min nos. Mewn un astudiaeth ymhlith mamau newydd a oedd yn dioddef diffyg cwsg, nododd y rhai a oedd yn yfed **te camri** yn ddyddiol am bythefnos eu bod nhw'n cysgu'n well. Mae **te lafant** a **the falerian** (*ar y chwith*) hefyd yn lleddfol ac yn gwella cwsg.

"Mae ychwanegu olewau hanfodol – camri neu lafant – i fath cynnes hefyd yn ysgogi cwsg."

Ymholi gwerthfawrogol

Rwyt ti'n dod â dy straeon personol dy hun i dy ffordd o fagu plant, oherwydd mae'n anochel y bydd dy hanes personol yn dylanwadu ar dy ymatebion i dy blentyn. Ar y cyd â dy bartner, cyflwyna ymwybyddiaeth ymwybodol i batrymau y gwnaethoch ill dau eu dysgu wrth dyfu i fyny.

Os wyt ti neu dy bartner yn teimlo na chawsoch chi eich gweld neu eich clywed pan oeddech chi'n blant, neu eich bod wedi profi esgeulustod neu gam-drin, gall hynny arwain at deimlo wedi'ch datgysylltu oddi wrth emosiynau penodol. Mae'n bosib eich bod chi wedi dysgu ffyrdd o ymdopi ar y pryd er mwyn cadw'n ddiogel, fel cau emosiynau penodol allan, neu boeni mwy am deimladau'r sawl a oedd yn gofalu amdanoch nag am eich teimladau chi eich hun. Mae'n bosib bod un ohonoch chi wedi cael magwraeth llawer hapusach na'r llall. Mae rhannu profiadau yn gymorth i chi'ch dau fod yn ymwybodol o unrhyw heriau a nodi sbardunau emosiynol cyfredol sy'n deillio ohonyn nhw.

"Ar y cyd, ewch ati i adnabod patrymau rydych chi am eu gwrthod neu am eu hailadrodd er mwyn creu eich sgriptiau personol."

YMHOLI GWERTHFAWROGOL AM ARDDULLIAU MAGU PLANT

Defnyddia'r ymarfer hwn i dynnu sylw at bethau o'r gorffennol rwyt ti neu dy bartner yn dymuno gollwng gafael arnyn nhw, yn ogystal â phethau positif y mae'r ddau ohonoch chi eisiau iddyn nhw barhau.

Gofod cefnogol

Gyda dy bartner/cyd-riant, sefydla ofod caredig a chefnogol ar gyfer y sgyrsiau hyn (*gweler hefyd dudalen 156*). Gall myfyrio ar brofiadau'r gorffennol sbarduno teimladau anodd. Cytunwch ar fwriad i wrando gyda pharch a sensitifrwydd. Os bydd yna wahaniaeth barn, defnyddiwch eich gwerthoedd i'ch tywys.

Agwedd seiliedig ar gryfderau

Trafodwch natur yr ymholi gwerthfawrogol hwn. Yn hytrach na cheisio nodi problemau mae angen eu datrys, mae'r dull hwn yn gwerthfawrogi bod cryfderau, sgiliau a galluoedd yn bodoli ynoch chi, ac yn yr uned deuluol. Cadwch glust ar agor amdanyn nhw.

Cymryd amser

Neilltuwch ddigon o amser i wneud cyfiawnder â'r ymholiad hwn. Bydd y person cyntaf sy'n ymateb yn rhannu ei deimladau yn onest, heb i'r llall dorri ar ei draws. Wedyn rydych chi'n ymateb am yn ail. Cyn i'r naill neu'r llall ohonoch chi siarad, mae angen i chi ganolbwyntio ar yr anadl, gan sylwi ar unrhyw feddyliau, teimladau neu synwyriadau.

Yr ymarfer

Rwyt ti (neu dy bartner) yn dechrau drwy fyfyrio ar agweddau ar dy fagwraeth rwyt ti'n eu gwerthfawrogi ac eisiau eu hailadrodd, yn ogystal ag agweddau sy'n heriol i ti ac mae angen eu gwneud yn wahanol. Mae'r person arall yn gwrando gan geisio nodi galluoedd – drwy sylwi ar yr holl gryfderau, agweddau, gweithredoedd, gwerthoedd neu berthnasoedd a allai sicrhau'r canlyniadau gorau posib. Yna mae'n tynnu sylw at y galluoedd hyn drwy eu henwi. Y cam nesaf yw ailadrodd yr ymarfer gyda'r ail berson yn myfyrio ar brofiadau ei fagwraeth (fel uchod). Gorffennwch drwy gofleidio neu ddal dwylo.

Rheoleiddio, ailgysylltu ac atgyweirio

Gall ymdopi â chrio ennyn teimladau dwys mewn unrhyw riant. Dos ati i arfer y tair elfen hyn – rheoleiddio, ailgysylltu ac atgyweirio – gan gysylltu'n ofalgar â ti dy hun ar adegau heriol, cyn ailgyflwyno dy sylw i dy fabi.

1

Mae crio dy fabi yn ennyn ymateb cryf, a hynny o fwriad. Mae syniadau diwylliannol a dy brofiadau bywyd yn dylanwadu ar y ffordd rwyt ti'n dirnad dy allu i ymdopi. Efallai dy fod yn poeni am gael dy lyncu gan anghenion dy fabi.

2

Os wyt ti'n teimlo fod hyn yn sbarduno teimladau anodd, mae angen i ti ddod o hyd i ffyrdd i sadio dy hun yn gyntaf. Rho dy fabi i lawr mewn lle diogel, neu rho dy fabi i rywun arall, a chymer amser i reoleiddio, ailgysylltu ac atgyweirio.

3

Mae angen arfer hunanreoleiddio. Tasga ddŵr oer ar dy wyneb a dy ddwylo. Sylwa ar unrhyw synwyriadau corfforol. Canolbwyntia ar gyfrif i dri wrth anadlu i mewn; ac yna i chwech wrth anadlu allan yn gyson.

4

Ailgysyllta â ti dy hun. Hoelia dy sylw ar dy emosiynau a'u henwi. Er enghraifft: "Dwi'n teimlo dan straen/yn flinedig/yn ddig/wedi cael llond bol." Sylwa ar dy feirniad mewnol: ydy o'n dy gymharu'n negyddol ag eraill neu â'r ti delfrydol? Empathi yw'r ffordd i fynd i'r afael â chywilydd – dwed yn dyner wrthyt ti dy hun: "Does dim byd o'i le ar stryffaglu – dwi'n ddynol. Mae mamau eraill yn mynd drwy'r un peth hefyd." Ar ôl tawelu dy hun, ailgysyllta â dy fabi.

5

Atgyweiria gyda dy fabi. Cofleidia dy fabi a'i helpu i ddeall ei deimladau. Dwed wrtho'n dyner: "Crio yw dy ffordd di o gyfathrebu – dwi'n dy glywed di. Mae'n iawn, mae Mam yma."

6

Yn olaf, chwilia am ffyrdd o dawelu dy fabi sydd hefyd yn dy dawelu di. Siglo o un ochr i'r llall gyda'ch gilydd, efallai, neu wrando ar gerddoriaeth hamddenol (*gweler tudalen 124*).

Golau iachusol

Rydyn ni'n datblygu perthnasoedd gwahanol gyda'n hemosiynau, yn dibynnu ar ein diwylliant a'n profiad personol ni wrth dyfu i fyny. Mae allanoli ein teimladau, fel ofn neu ddicter, yn annog dirnad a derbyn.

1

Eistedda'n gyfforddus, a gad i dy feddwl a dy gorff setlo. Hoelia dy sylw ar lif dy anadl i mewn ac allan.

2

Cofia achlysur diweddar pan oeddet ti'n teimlo dan ychydig o straen – sefyllfa wnaeth ennyn teimladau o ddicter, ofn, cywilydd neu dristwch. Rhywbeth anodd, ond heb fod yn drawmatig, fel teimlo'n ddig ar ôl cael dy ddeffro gan dy fabi, ac yna cywilydd am ymateb fel hynny.

3

Ymlwybra'n ôl i'r sefyllfa honno. Cofia unrhyw eiriau a gafodd eu dweud ac unrhyw feddyliau yn dy ben ar y pryd. Wrth i ti gysylltu â'r emosiwn sydd ynghlwm wrth yr eiliadau mwyaf cynhyrfus, cyflwyna dy ymwybyddiaeth i dy gorff. Sylwa, gyda chwilfrydedd caredig, ymhle yn dy gorff rwyt ti'n teimlo'r emosiwn ar ei fwyaf dwys.

4

Archwilia'r emosiwn drwy ddychmygu'r synwyriadau fel siâp. Ydy o'n siâp mawr neu'n siâp bach? Haniaethol neu glir? Llyfn neu arw?

5

Wrth i ti anadlu i mewn, dychmyga dy frest yn ehangu i wneud lle i'r synwyriadau sy'n ymwneud â siâp. Nawr dychmyga dy fod ti'n anadlu golau euraidd iachusol i mewn. Beth sy'n digwydd i'r siâp-synwyriadau wrth i'r golau iachusol ymledu'r tu mewn i ti? Bydd yn chwilfrydig a sylwa.

6

Wrth i ti wneud lle i'r siâp-synwyriadau, sylwa beth sy'n digwydd iddo. Dydy gwneud lle i emosiwn poenus ddim yn golygu bod rhaid i ti ei hoffi – dim ond gadael iddo fod yno. Cyflwyna dy bresenoldeb gofalgar i'r emosiwn hwn. Pan fyddi di'n barod, tywys dy hun yn ôl i'r ystafell.

Myfyrdod diffyg cwsg

Mae dy fabi wedi setlo o'r diwedd, ond rwyt ti'n dal i fethu cysgu. Gall gorwedd yn effro yn y nos ysgogi gorbryder yn dy feddwl – gan waethygu pryderon am y dyfodol ac ofnau dirfodol. Bydd yr ymarfer hwn yn help i ti adnabod a meithrin dy bryderon.

"Mae angen cydnabod a meithrin teimladau poenus – dyna sy'n dy wneud di'n ddynol."

1

Adnabod

Mae gwneud rhywbeth mor syml ag enwi'r gorbryder yn caniatáu i ti fabwysiadu safbwynt arsylwi.

Gofyn i ti dy hun: "Beth ydw i'n ei deimlo y tu mewn i fi'r eiliad hon?"

Enwa'r peth er mwyn ei ddofi, megis: "Dwi'n teimlo'n ofnus."

Sylwi ar dy emosiynau a'u henwi yw'r cam cyntaf tuag at leddfu dy system fygythiad.

2

Caniatáu

Mae llawer o famau yn teimlo cywilydd oherwydd eu bod nhw'n meddwl am eu hunain fel mamau "gwael", a hynny am ddim byd mwy na theimlo neu feddwl rhywbeth penodol. Mae ymdrin ag emosiynau ofnus gydag ymwybyddiaeth agored a thosturi yn helpu i gael gwared ar gywilydd.

Mae angen i ti gydnabod dy deimladau – ceisia ddweud: "Mae hyn yn iawn. Mae mamau eraill yn teimlo fel hyn hefyd."

3

Ymchwilio

Symuda i ffwrdd o adweithio meddyliol a chanolbwyntia ar dy gorff. Gofyn i ti dy hun: "Beth ydw i'n ei ofni?" Mae'n bosib dy fod ti'n cael dy lethu gan ofnau dy fod ti'n fethiant, nad wyt ti'n deilwng neu deimlad o ddiymadferthedd. Neu mae'n bosib bod dy ofnau yn ymwneud â phryderon am ddiogelwch dy fabi.

Ble yn dy gorff wyt ti'n synhwyro'r ymdeimlad hwnnw o orbryder? Hoelia dy sylw ar unrhyw anystwythder neu densiwn.

4

Porthi

Ar ôl archwilio dy ofn, gofynna i ti dy hun: "Beth sydd ei angen fwyaf ar y rhan ddolurus hon ohoṇa i?" Galwa ar dy hunan tosturiol i gynnig geiriau doeth a charedig. Mae angen i ti borthi dy ymennydd am geisio dy gadw'n ddiogel. Dwed yn dyner: "Diolch i ti, fy meddwl, am geisio fy amddiffyn."

Arsylwa ar unrhyw ymdeimlad o ryddid rhag meddyliau a theimladau poenus.

Ymarfer ac ystum

Mae gweithgarwch corfforol yn hyrwyddo adferiad ar ôl geni. Bydd yr arferion tyner hyn yn dy annog i symud dy ffocws yn fewnol drwy ymwybyddiaeth o'r anadl a thrwy ailgysylltu â dy gorff, gyda hynny'n rhoi hwb i dy egni.

Mae treulio amser yn mynd ati'n fwriadol i symud dy gorff a chysylltu â'r anadl yn cryfhau'r cyhyrau, yn dy wneud di'n fwy hyblyg ac yn dy helpu i ymladd yn erbyn unrhyw anystwythder. Mae ystumiau wyneb i waered, fel ystum Y Plentyn a Choesau i Fyny'r Wal, yn hynod effeithiol ar gyfer porthi'r system leddfu. Mae'r ystumiau hyn yn fuddiol i weithrediad a chylchrediad dy galon ac ar gyfer cydbwyso dy egni. Os oes meddyliau pryderus yn dy atal rhag cysgu, symuda i ystum Coesau i Fyny'r Wal. Mae ymarfer yr ystumiau pen i waered hyn yn ddyddiol yn ymlacio'r meddwl ac yn lleihau'r pwysau ar lawr dy belfis.

"Gwranda ar dy gorff. Defnyddia wrthrychau i dy gynnal di, a symuda ar gyflymder sy'n gweithio i ti."

CADWYN 20 MUNUD

Cyflwyna agwedd anfeirniadol i dy arfer. Does dim byd cam neu gymwys o ran yr hyn y gall dy gorff ei wneud – bydda'n dyner gyda ti dy hun a gad i dy gorff dy dywys wrth i ti ymarfer y symudiadau rheolaidd a bwriadol hyn.

01

YMARFER LLAWR DY BELFIS

Gorwedd ar dy gefn gyda gwadnau dy draed ar lawr, a dy bengliniau wedi'u plygu. Ymlacia dy freichiau ar lawr wrth dy gorff. Bydda'n ymwybodol o dy anadl yn chwyddo ac ymlacio. Ar yr anadl allan, cysyllta'n dyner â chyhyrau llawr dy belfis (blaen a chefn), gan eu tynnu i mewn tuag at ei gilydd ac i fyny at dy galon. Ar yr anadl i mewn, gad iddyn nhw ymlacio a rhyddhau. Ailadrodda'r ymarfer hwn 10–20 gwaith.

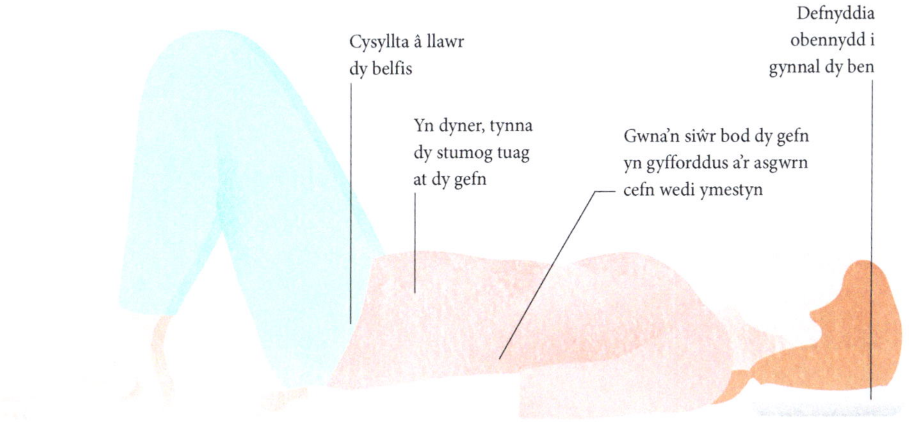

02

YMESTYN DY GOESAU

Gorwedd ar dy gefn gyda gwadnau dy draed ar lawr, a dy bengliniau wedi'u plygu. Cofleidia un pen-glin at dy frest, rho strap o amgylch y droed honno ac yna ymestyn dy goes i fyny. Dalia'r strap yn dyner i gynnal dy hun. Lleda dy droed ac ar yr anadl allan, mae eisiau i ti annog cymaint o hyd drwy gefn dy goes ag sy'n teimlo'n gyfforddus. Ymlacia dy gefn tuag at y ddaear, ymlacia dy ysgwyddau a dy ên, ac estyn dy wddf yn hir. Dalia'r ystum am 5-10 anadl, yna ailadrodda'r ymarfer gyda'r goes arall.

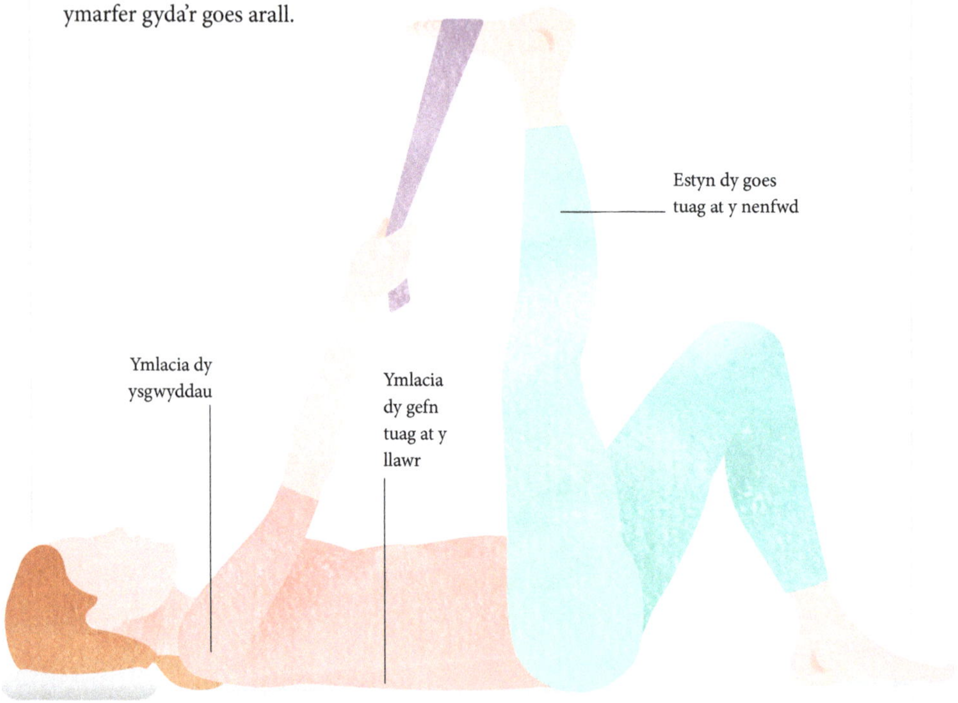

03

TROAD GORWEDDOG

Gorwedd ar dy gefn a thynna dy bengliniau i fyny at dy frest. Sigla'n araf o'r naill ochr i'r llall, gan fwynhau'r tylino tyner ar dy gefn. Dal ati i godi'r ddau ben-glin i fyny tuag at dy frest, cyn eu gollwng drosodd i'r dde. Anadla'n gyfforddus a gad i ran uchaf dy gorff ymlacio i'r llawr. Estyn dy freichiau allan i'r ochr yn araf, gan droi dy ben i'r chwith. Os yw'n fwy cyfforddus, ymlacia dy freichiau wrth ymyl dy ben. Dalia'r ystum am 5–10 anadl, cyn mynd yn ôl i'r safle siglo ac ailadrodd y symudiadau ar yr ochr arall.

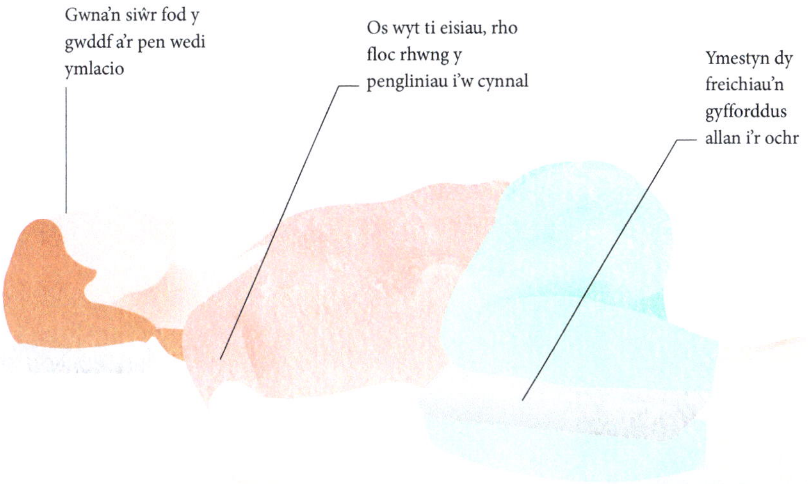

04

YSTUM Y PLENTYN

Symuda'n ofalus nes dy fod ti ar dy bengliniau, gan roi rhywbeth i dy gynnal o dan dy bengliniau yn ôl yr angen. Yn dyner, gad i dy gorff blygu ymlaen dros dy gluniau. Rho dy ben i orffwys ar floc. Gorffwysa dy freichiau wrth dy gorff, neu plyga dy ddau benelin fymryn, a'u rhoi nhw i orffwys o dy flaen. Anadla'n gyfforddus, gan deimlo'r anadl yng nghefn dy gorff yn ehangu ac ymryddhau. Ar bob anadl allan, tynna asgwrn y gynffon yn ôl ac ymlacia dy ysgwyddau ar wahân i'w gilydd. Dalia'r ystum am 2–3 munud, neu'n hirach os wyt ti'n gyfforddus.

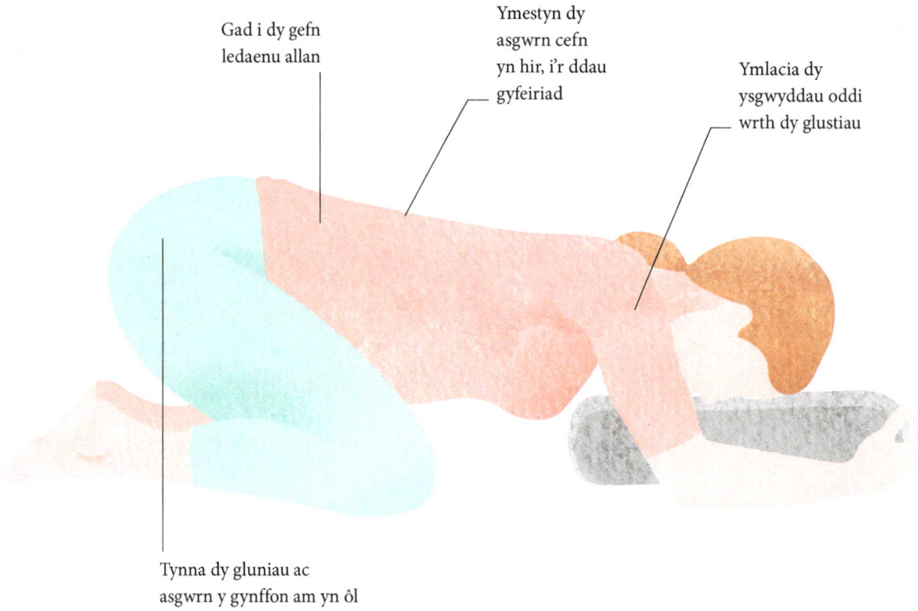

05

YMLACIO RHAN UCHAF Y CORFF

Mae'r ystum hwn yn wych ar gyfer lleihau unrhyw densiwn, yn enwedig yn yr ysgwyddau a'r gwddf.

CI YN WYNEBU'R LLAWR

O ystum Y Plentyn, gwthia dy hun i fyny ac ar dy bedwar. Lleda dy ddwylo allan, gan ymlacio dy ben. Ar dy anadl allan, cau dy fysedd traed a chwyd dy gluniau i fyny yn araf, gan ddod â dy gorff i siâp V wyneb i waered. Coda ar flaenau dy draed, gan blygu dy bengliniau ychydig. Canolbwyntia ar anadlu'n gyfforddus, gan chwilio am hyd yn rhan uchaf dy gorff. Pan fyddi di'n barod, plyga dy bengliniau'n ofalus i ddychwelyd i ystum Y Plentyn. Rholia i fyny yn araf, gan ddefnyddio dy freichiau i dy gefnogi, a gwthia dy hun i ystum Y Mynydd.

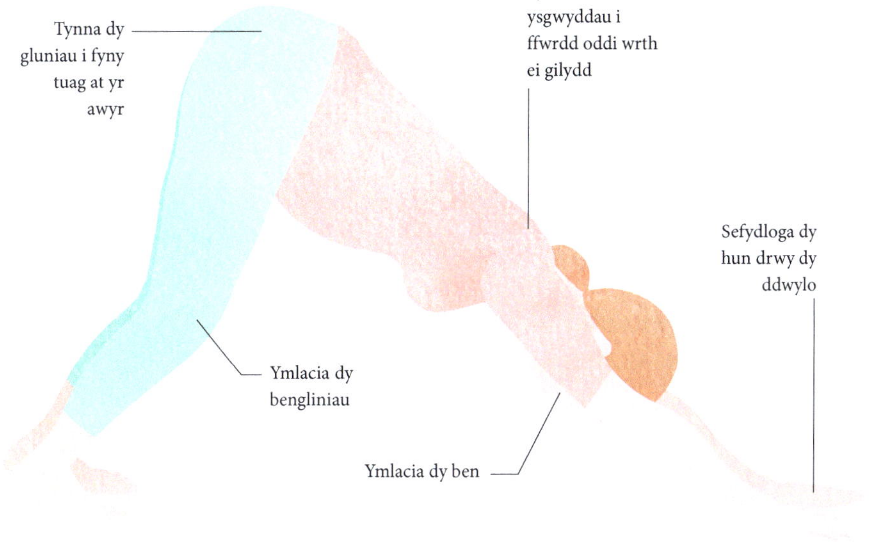

06

PLYGU YMLAEN AR DY DRAED

O ystum Y Mynydd, plyga dy bengliniau yn dyner a phlyga dy gorff ymlaen yn araf o'r cluniau. Cadwa wadnau dy ddwy droed ar y llawr, a phlyga dy bengliniau ychydig os wyt ti eisiau. Gad i ran uchaf dy gorff bwyso ymlaen, gyda dy freichiau yn hongian neu'n cyffwrdd â'r llawr. Anadla'n gyfforddus, gan blygu dy bengliniau cymaint ag sydd ei angen i ti deimlo'n gysurus. Gad i ddisgyrchiant ddenu pwysau dy ben a dalia'r ystum am 5-10 anadl, cyn dychwelyd i ystum Y Mynydd.

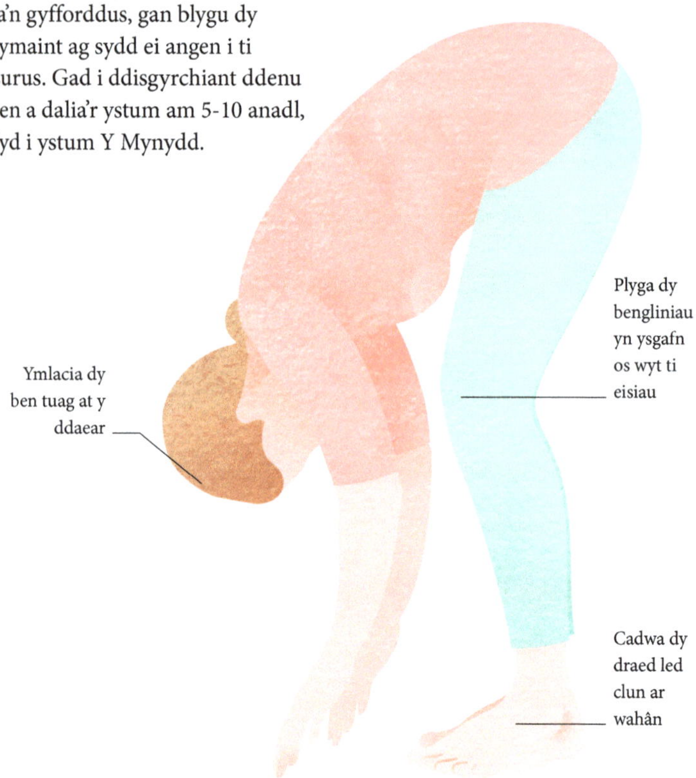

07

COESAU I FYNY'R WAL

Eistedda gyda dy gefn yn erbyn wal, yna tro nes dy fod ti ar dy gefn, dy ben-ôl yn erbyn neu'n agos at y wal, a dy goesau yn uwch i fyny'r wal. Gorffwys dy ben ar glustog. Cadwa waelod dy gefn isaf ar lawr, hyd yn oed os yw hynny'n golygu dy fod ti fymryn oddi wrth y wal. Ymestyn dy goesau i fyny. Sylwa ar dy anadl, a dwed yn fewnol: "Dwi'n gadael i fy nghorff arafu. Does dim byd yn bwysig ond yr ennyd *hon* ... a'r ennyd nesaf". Dalia'r ystum am hyd at 10 munud.

HWB I GYSGU

Mae'r ystum hwn yn fuddiol iawn os wyt ti dan straen neu'n methu cysgu.

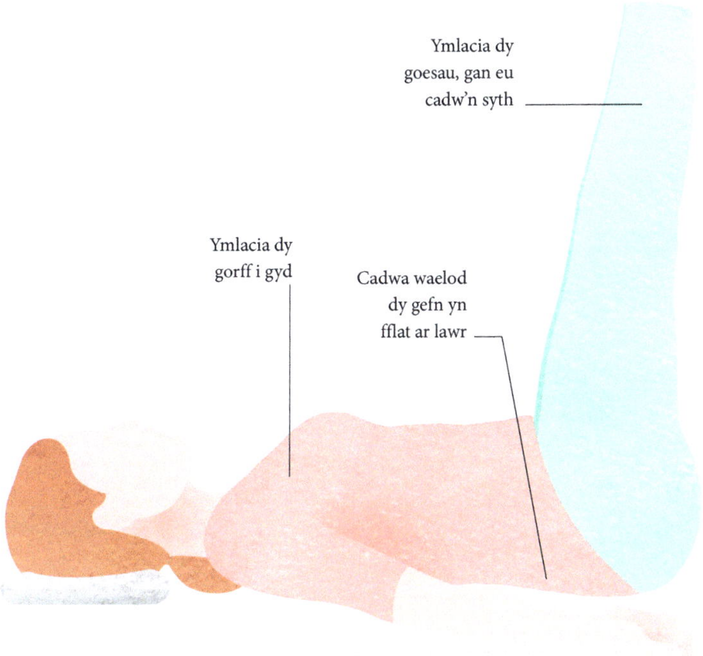

CYSYLLTU DY WAHANOL RANNAU

Rhwng chwech a 12 mis, mae'n bosib y byddi di'n dechrau dod o hyd i well rhythm gyda dy fabi, ond mae newidiadau ar y gorwel hefyd, fel dychwelyd i'r gwaith. Gall edrych o'r newydd ar werthoedd, defnyddio delweddau tosturiol, a blaenoriaethu hunanofal dy helpu i reoli'r broses o wahanu a newid, ynghyd â llwyth meddyliol magu plant.

CYFLWYNIAD

Cysylltu dy wahanol rannau

Wrth symud i ail hanner blwyddyn gyntaf dy fabi, mae'n debygol y byddi di'n dechrau magu hyder fel mam. Pan fydd dy fabi'n chwerthin, fe fyddi di eisiau potelu'r chwerthiniadau hynny – mae angen i ti fwynhau ei wylio yn archwilio ei fyd yn llawn rhyfeddod.

Gall y cyfnod hwn fod yn amser o symud tuag at adennill dy ymdeimlad o dy hunan, ond dydy hynny ddim yn digwydd o fewn amser penodol. Dydy teimlo'n fwy hunandderbyniol a chadarn yn dy groen dy hun ddim yn nod sefydlog; yn hytrach, mae'n digwydd dros amser, mewn ffordd ddynamig. Wrth i bocedi bach o amser gynnig eu hunain, a thithau'n dod o hyd i well rhythm, fe fyddi di'n myfyrio ar newidiadau hunaniaeth pwysig sydd wedi digwydd yn ystod y cyfnod hwn o newid byd. Roedd natur drafferthus y cyfnod ôl-enedigol yn gofyn am amser ac egni a oedd efallai'n llethol ar adegau. Fe fu'n rhaid ffarwelio dros dro â rhai agweddau penodol ar dy hunaniaeth cyn-geni. Gyda dy fabi nawr fymryn yn fwy annibynnol, mae'n gyfle i ti ddechrau ailgysylltu yr hen ti a'r ti newydd. Mae dychwelyd i'r gwaith

"Mae dysgu awgrymiadau a phatrymau unigryw dy fabi yn debygol o leihau straen beunyddiol."

a/neu drefnu gofal plant yn heriol i fenywod wrth ddechrau ar y daith o gyfuno hen agweddau ar eu hunaniaeth. Mae hyn yn normal – mae'n cymryd amser.

Pwyso a mesur dy werthoedd

Un peth sy'n gallu helpu gydag ailgysylltu yw dychwelyd at dy werthoedd. Mae enwi'r gwerthoedd hynny yn cefnogi'r broses hon (*gweler tudalen 40 a thudalen 136*), gan dy helpu i ailgysylltu ag ymdeimlad o bwrpas a'r hunaniaeth wyt ti'n ei ffafrio. Mae'n bosib y byddet ti'n hoffi nodi meysydd penodol lle rwyt ti'n byw fwy neu lai yn unol â dy werthoedd, fel perthnasoedd, gwaith, iechyd a hamdden. Os yw rhai agweddau ar dy hunan cyn-geni yn teimlo'n bell, meddylia am ffyrdd realistig o uno'r gwahanol rannau hynny. Sut gelli di ailgysylltu â dy hoff hunaniaethau mewn ffordd ddigon da? Er enghraifft, os wyt ti'n ystyried dy hun yn berson creadigol, fyddet ti'n gallu ysgrifennu am 15 munud y dydd? Os yw iechyd yn un o dy werthoedd craidd, treulia amser yn gwneud ymarfer corff rheolaidd wyt ti'n ei fwynhau.

Ymdopi â bod ar wahân

Os wyt ti'n dychwelyd i'r gwaith, mae'n bosib y gweli di nad yw'r disgwyliadau anfaddeuol o uchel oedd gen ti cyn cael babi yn addas i ti mwyach. Gall cael

blaenoriaeth newydd newid persbectif – gan dy alluogi i gamu'n ôl o unrhyw gredoau "popeth neu ddim" sy'n seiliedig ar hen batrymau perffeithrwydd. Mae hyn yn dy annog i gysylltu â ti dy hun fel cydweithiwr digon da, yn ogystal â mam ddigon da.

Gall dysgu bod ar wahân i dy fabi ennyn pryder i ddechrau, wrth gwrs. Fe fydd dychmygu ffarwelio cadarnhaol a sicrhau trefniant gofal plant sydd at dy ddant yn hwyluso'r pontio hwn (*gweler tudalen 200*). Mae'n bosib dy fod ti wrth dy fodd yn cael dychwelyd i'r gwaith; efallai bod meddwl am fynd yn dy wneud di'n swp sâl; neu hwyrach ei fod yn esgor ar lawer o deimladau cymysg, gan gynnwys euogrwydd, sy'n creu anghysur ynddo'i hun. Atgoffa dy hun o'r sgrepan, yn drymlwythog o euogrwydd a chywilydd, baich y mae pob mam yn gorfod ei chario ar ôl cael babi (*gweler tudalen 62*). Mae cysylltu â theimladau euog mewn ffordd ofalgar yn cynnig cyfle i ddadbacio dy sgrepan. Faint mae dy euogrwydd yn cael ei sbarduno gan ddisgwyliadau amhosib y 'fam orwych' a'r beirniad mewnol llym? Ceisia aildrefnu'r disgwyliadau hynny (ydyn nhw'n cyd-fynd â dy werthoedd?), ac anwybyddu unrhyw feirniadu creulon. Fe fydd hyn yn ysgafnhau dy faich.

Y baich meddyliol trwm

Waeth a wyt ti'n gweithio ai peidio, mae'n hollbwysig i ti gyflwyno ymwybod gofalgar i werth hanfodol dy rôl fel mam.

" " STORI MAM

Roedd mynd yn ôl i'r gwaith yn gyfle i fi adennill rhywfaint o'r cydbwysedd roeddwn i wedi arfer ag o – y cydbwysedd o ddychwelyd i yrfa a hunaniaeth wnes i dreulio'r rhan fwyaf o fy ugeiniau yn ymladd drosto ac yn ei saernïo. Roeddwn i'n gwybod fy mod i'n dda wrth fy ngwaith. Ond doeddwn i ddim yn siŵr fy mod i'n fam dda bob amser. Yr hyn wnaeth helpu oedd gwybod bod Efa mewn dwylo da pan nad oeddwn i yno. Mi wnes i lwyddo i gael gafael ar feithrinfa dda, a chael help gan fy mam, a gan ei thad. Mae angen pentref i fagu plentyn, a dyma'r unig ffordd y gallwn i ymroi gant y cant i'r gwaith. Roeddwn i wedi cyffroi'n lân y noson cyn i fi fynd yn ôl, fel y diwrnod cyntaf yn ôl yn yr ysgol. Roedd y ffaith bod Efa wedi cysgu drwy'r nos am y tro cyntaf erioed yn teimlo fel arwydd da.

Dwynwen, mam Efa

"Bydd yn ymwybodol o'r ffordd rwyt ti'n defnyddio dy egni. Mae angen ei warchod fel pe baet ti'n gwarchod trysor gwerthfawr."

Mae hyn yn ymwneud yn rhannol â deall dy gyfraniad wrth fagu cenhedlaeth newydd. Mae modelu sgiliau tosturi gofalgar yn dysgu llythrennedd emosiynol i dy blentyn, yn meithrin empathi a charedigrwydd ac yn ei helpu i ffynnu mewn bywyd. Ond mae cymdeithas yn aml yn methu gwerthfawrogi cyfrifoldebau a chryfderau mamau yn ddigonol – a gall hynny ddigwydd yn y cartref hefyd. Mae astudiaethau yn dangos mai menywod sy'n cario'r baich domestig mewn perthnasoedd heterorywiol. Dangosodd un astudiaeth fod llai na 7 y cant o gyplau yn rhannu'r baich. Mae'r baich meddyliol trwm yn disgyn yn drwm ar ysgwyddau menywod. Mae hyn yn cyfeirio at y tasgau llafurus hynny sy'n aml yn cael eu hanwybyddu, o archebu bwyd i'r cartref i drefnu gofal plant.

Un peth sy'n gallu helpu i wneud y baich meddyliol llethol yn fwy amlwg yw dod o hyd i iaith i fynd i'r afael â phroblemau gyda dy bartner (*gweler tudalen 198*).

Gofalu amdanat ti dy hun

O ystyried y gall dy rôl fel mam deimlo'n anweledig, ac eto bod disgwyl perffeithrwydd, mae'n hollol hanfodol i ti ddysgu lleddfu a chwmpasu dy hun. Mae hyn yn golygu dod ag ymwybod gofalgar i dy gapasiti emosiynol ar unrhyw ennyd benodol: ac oedi i sylwi ar arwyddion bod dy gwpan ar fin gorlifo cyn i ti gael dy lethu.

Mewn cymdeithas sy'n rhoi cymaint o bwys ar fod yn gynhyrchiol, mae gorffwys yn gyfystyr â chicio yn erbyn y tresi. Hawlia amser i gysylltu â ti dy hun. Trefna weithgareddau bach o hunanofal, fel myfyrio am 10 munud, chwarae cerddoriaeth neu dreulio amser ym myd natur, i adfer ac adnewyddu. Fe allai gweithgareddau mwy gynnwys gosod ffiniau a dweud "Na" yn dyner. Fe fydd blaenoriaethu dy hun yn rhoi mwy o ryddid i ti, gan dy alluogi i fod y fam – a'r fenyw – rwyt ti eisiau bod. Dathla dy hunan-werth, dy natur gymhleth a dy ddynolrwydd yn eu holl ogoniant.

Cadw dyddiadur tosturiol

Rydyn ni'n aml yn creu straeon i ddangos ein bod ni'n famau "gwael". Mae maddau i ni'n hunain drwy ysgrifennu llythyrau tosturiol yn cynnig ffordd o nodi a chael gwared ar ddicter a bai sy'n gysylltiedig â gofidiau'r gorffennol – gan dy helpu i dderbyn pethau.

1

Gafaela mewn pen a phapur a chanolbwyntia ar dy anadl. Mae cysylltu â dy system leddfu yn mynd i dy helpu i fyfyrio mewn ffordd fwy caredig.

2

Ystyria sefyllfa neu agwedd arnat ti dy hun sy'n achosi i ti deimlo cywilydd neu feddwl nad wyt ti'n ddigon da. Sylwa ar unrhyw feddyliau a theimladau, heb farnu.

3

Nesaf, dychmyga dy hunan tosturiol, gan ddwyn i gof ei rinweddau o gryfder a dealltwriaeth. Teimla fod y geiriau doeth a'r caredigrwydd yn dy leddfu.

4

Ysgrifenna lythyr atat ti dy hun gan y person tosturiol hwn. Sut byddai'r person tosturiol yn dy annog i ganiatáu dy deimladau poenus? Sut byddai'n bosib iddyn nhw ddangos dy fod ti'n ddynol, a bod pob rhiant yn gwneud camsyniadau?

5

Wrth i ti ysgrifennu, myfyria ar deimladau o gywilydd ac euogrwydd sy'n deillio o dy sefyllfa boenus. Mae cywilydd yn deillio o deimlo'n "wael" amdanat ti dy hun, tra bod euogrwydd yn ymwneud ag ofn bod ein hymddygiad yn mynd i achosi loes i rywun arall.

6

Sylwa fod euogrwydd yn teimlo'n drwm, ond y gall fod yn adeiladol – gan dy arwain i gydnabod anhawster y mae modd i ti ei atgyweirio. Ysgrifenna beth gallet ti ei wneud yn wahanol y tro nesaf. Oedi i hunanreoleiddio os wyt ti'n dioddef straen, efallai?

7

Ysgrifenna eiriau lleddfol i lacio gafael ar euogrwydd: 'Yn yr ennyd hon, dwi'n maddau i fi fy hun. Yfory, fe wna i ddechrau o'r newydd.'

MAETH

Cynllunio prydau bwyd gofalgar

Er mwyn sicrhau'r iechyd gorau posib, mae angen cynllunio, siopa a choginio yn ofalgar. Fe fydd dewis cynhwysion yn ddoeth a swp-goginio yn helpu wrth gynllunio prydau bwyd – gan arbed amser ac egni.

Dydy coginio yn fawr o hwyl pan wyt ti'n flinedig. Cadwa bethau'n syml a chynnal stoc o gynhwysion llawn maeth er mwyn creu prydau cyflym a hawdd. Mae'r hanfodion yn cynnwys tuniau **ffa pob**, ffynhonnell wych o ffibr; **tiwna** mewn dŵr ffynnon i ychwanegu daioni iach i saladau; a **thomatos wedi'u torri**, sylfaen flasus ar gyfer saws pasta a chyri. Cadwa gyflenwad da o berlysiau a sbeisys allweddol, fel **basil**, **mintys** a **rhosmari** (*ar y chwith*), yn ogystal â **chwmin** a **sinamon**, i roi blas. Pryna gawl ffres yn llawn **codlysiau**, **cyw iâr** neu **ffacbys**, ar gyfer ciniawau hawdd sy'n rhoi hwb i'r egni, a llenwa'r rhewgell â phrydau iach llawn nodd.

Gosoda amrywiaeth liwgar o ffrwythau, fel **bananas**, **afalau**, **ffrwythau ciwi** a **satswmas** ar fwrdd y gegin. Mae astudiaethau'n dangos dy fod ti'n fwy tebygol o fwyta ffrwythau os ydyn nhw wrth law. Rho hwb cynnar i'r diwrnod gyda smwddi: cymysga **afocado**, **llus**, **mango** a **hadau llin mâl** gydag ychydig o ddŵr. I greu brecwast mwy swmpus, rho **fanana**, **menyn cnau**, **llaeth almon** a **cheirch** mewn peiriant cymysgu – mala'r cyfan yn fân a mwynha!

Sgan corff i hybu delwedd corff gadarnhaol

Mae llawer o famau newydd yn cael trafferth gyda'u delwedd corff. Mae angen meithrin perthynas fwy derbyniol gyda dy gorff ar ôl rhoi genedigaeth – gan ymestyn parch a thosturi gofalgar i dalu teyrnged i'w ymdrechion a'i gyflawniadau.

1

Gorwedd i lawr, heb groesi dy goesau. Ymlacia a hoelia dy sylw ar dy anadl. Treulia amser gyda dy gorff, heb farnu.

2

Cyflwyna sylw caredig a thyner i'r coesau a'r traed. Gyda phob anadl allan, gad i unrhyw densiwn doddi ymaith.

3

Canolbwyntia ar y pelfis a'r stumog, a gwerthfawroga eu gwaith anhygoel. Anadla i mewn yn ddiolchgar. Anadla unrhyw densiwn allan.

4

Sylwa ar unrhyw feddyliau hunanfeirniadol a gad i garedigrwydd eu golchi ymaith.

5

Symuda dy sylw at dy frest. Bydda'n ymwybodol o dy galon yn curo. Teimla unrhyw synwyriadau yn dy fronnau. Wrth anadlu i mewn, teimla dosturi i'r rhan hon o'r corff. Anadla unrhyw densiwn allan.

6

Symuda'r ffocws i'r cefn, yr ysgwyddau a'r gwddf. Teimla nhw o'r tu mewn allan. Gwahodda ofal cariadus i dy freichiau a dy ddwylo, oherwydd eu cyffyrddiad lleddfol a'u cryfder. Anadla i mewn yn ddiolchgar ... ac anadla unrhyw densiwn allan.

7

Yn olaf, gwerthfawroga dy gorff cyfan. Dwed yn dyner: 'Dwi'n parchu fy nghorff. Dwi'n talu teyrnged iddo ac yn ei dderbyn fel y mae.'

CYSYLLTU Â GWERTHOEDD

Agosatrwydd heb gyfathrach rywiol

Gall diffyg cwsg a diffyg cyfle ac amser i gyd effeithio ar agosatrwydd ar ôl cael babi. Mae angen creu ffyrdd amgenach na chyfathrach rywiol o gysylltu â dy bartner er mwyn cryfhau eich perthynas.

Dydy hi ddim yn gyfrinach fod rhieni yn cael llai o ryw. Mae gan y rhan fwyaf o rieni newydd bryderon am newidiadau i'w perthynas rywiol, fel pryd i ailddechrau cael rhyw ar ôl geni neu a fydd rhyw yn boenus, a gall newidiadau i ddelwedd corff y fam effeithio ar ryw ar ôl esgor. Mae'n cymryd amser i'r rhan fwyaf o gyplau ailgysylltu'n rhywiol. Mae teimlo'n fregus neu wedi dy orlethu, neu ragweld poen, yn sbarduno ein system fygythiad, gan amharu ar chwant. Mae angen i ti deimlo'n ddigon tawel a diogel i fod yn gorfforol glos. Mae'n syniad creu eiliadau tosturiol o gysylltiad – pa mor fyr bynnag – i ddod â'r ddau ohonoch chi'n nes.

"Defnyddia ddefodau cysylltu i ddangos gwerthfawrogiad a chynnal dy sylw."

CREU CYSYLLTIADAU TOSTURIOL

Boed yn ennyd o syllu i fyw llygaid eich gilydd, neu'n bryd o fwyd allan, fe fydd sbarduno ac ymateb i ymdrechion am gysylltiad â dy bartner yn help i chi'ch dau deimlo eich bod chi'n cael eich gweld, eich gwerthfawrogi a'ch caru.

Defodau cysylltiad

Mae'r therapydd cyplau John Gottman yn awgrymu cusan chwe eiliad bob dydd (sy'n ddigon hir i'w wneud yn ofalgar!). Profa deimlad ceg dy bartner ar dy geg, a'r cyffwrdd trwynau sydyn. Mae cusanu yn rhyddhau ocsitosin a dopamin ac yn lleihau lefelau cortisol. Mae'n anodd peidio â theimlo'n fwy cariadus ar ôl cusan.

Caredigrwydd bwriadol

Mae'n syniad dangos caredigrwydd mewn ffyrdd bach a bwriadol. Mwynhewch frecwast gyda'ch gilydd. Daliwch ddwylo wrth fynd am dro gyda'r babi. Trefnwch noson ddêt reolaidd. Neu beth am chwarae cardiau, gwylio hoff ffilm neu wrando ar gerddoriaeth boblogaidd a dawnsio gyda'ch gilydd? Mae'n bwysig cael gwared ar unrhyw bwysau a pheidio â disgwyl gormod.

Trwsio eich perthynas

Bydda'n ymwybodol pan fyddi di'n darllen meddwl dy bartner, ac yn disgwyl iddo ddyfalu dy ddymuniadau a dy anghenion. Mae angen maddau cyfyngiadau y naill a'r llall. Pan fydd gwahaniaethau yn codi, mae angen tawelu dy hun yn gyntaf (*gweler tudalen 170*) – yna estyn allan i drwsio.

Pwysigrwydd cyfathrebu

Mae angen dal ati i gynnal gwiriadau wythnosol, gofalgar gyda dy bartner (*gweler tudalen 156*). Mae'n syniad gwneud lle i rannu meddyliau a theimladau am sut mae magu plant wedi effeithio ar chwant ac agosatrwydd rhywiol. Pan fyddi di'n teimlo'n barod, mae'n werth trafod addasiadau posib, fel neilltuo amser i fod yn agos.

Tylino aromatherapi hamddenol

Ar ôl dal dy fabi drwy'r dydd, mae'n bosib y byddi di'n dyheu am gyswllt corfforol gan rywun heblaw dy fabi. Mae tylino aromatherapi yn ffordd dda o ailgysylltu â grym cyffyrddiad, gan ganolbwyntio ar ofalu amdanat ti dy hun yn hytrach na gofalu am dy fabi.

Yn union fel dy fabi, bydd cyffyrddiad yn dy dawelu di, felly mwynha ychydig o gysylltiad corfforol heb bwysau unrhyw ddisgwyliadau. Awgryma fod dy bartner yn camu i'r adwy gyda sesiwn dylino i roi hwb i dy hwyliau, gan ddefnyddio olewau ymlaciol fel **lafant** (*ar y dde*) neu sitrws i dy adfywio. Mae'n bwysig bob amser i wanhau olewau hanfodol cyn eu defnyddio'n uniongyrchol ar groen. Ar gyfer tylino adferol, defnyddia wanediad 3% o hoff olew hanfodol dewisol i olew cludo, fel **olew sesame**, **olew almon melys** neu **olew jojoba**. Mae hyn yn gyfystyr â thri diferyn o olew hanfodol ar gyfer pob llwy de o olew cludo.

"I wneud dy gymysgedd hamddenol dy hun o olewau hanfodol, rho gynnig ar gyfuniad o ylang ylang, lafant a bergamot."

Rhannu baich magu plant

Mae'r 'fam orwych' yn mynnu bod angen i ni allu ymdopi â phob dim – gyrfa, babi, cadw tŷ a'r baich meddyliol trwm. Mae'r pris i'w dalu am y myth hwnnw yn cynnwys blinder a lludded. Mae'n rhaid i ti ei wrthsefyll a recriwtio dy bartner i rannu'r baich.

Mewn cyfweliadau â chyplau syth ac o'r un rhyw, a chyplau o hil amrywiol, clywodd yr awdur Eve Rodsky un syniad yn cael ei fynegi dro ar ôl tro: mae llawer mwy o werth ar amser dynion nag ar amser menywod. Menywod hefyd sy'n ymgymryd â'r rhan fwyaf o ofal plant. Mae canlyniadau sylweddol i densiynau ynghylch gwaith a dyletswyddau cartref, gan beri i lawer o fenywod ddewis aros allan o'r gweithlu. Fel cam cyntaf, mae'n rhaid i ti gydnabod bod yr un gwerth i dy amser di, a bod gennych chi'ch dau hunaniaethau gwahanol sydd angen amser ac egni emosiynol er mwyn i chi ffynnu fel pobl. Dim ond wedyn y gallwch chi weithio ar rannu baich meddyliol a chorfforol magu plant yn fwy cyfartal.

"Mae angen parchu a chynnwys amser cyfartal yn eich amserlen deuluol."

SUT I RANNU'R BAICH

Nodwch yr holl dasgau mae angen eu gwneud, yn unol â'ch gwerthoedd cyffredin. Mae angen mynd ati i greu system ar y cyd – neilltuo pwy sy'n perchnogi pob tasg a phwy sy'n gyfrifol am yr holl gamau dan sylw.

Gwneud amser

Does yna byth ddigon o amser. Fel rhiant newydd, mae yna darfu byth a hefyd o'r dechrau'n deg, gyda myrdd o bethau yn cystadlu am sylw, yn enwedig babi bach ar ei dyfiant. Drwy'r amser, rwyt ti'n monitro'r holl dasgau anweledig hynny sy'n cynnal trefn yr aelwyd. Neilltua amser i drafod dy faich o ran gwaith y cartref.

Cyfrifo'r baich meddyliol

Mae gwaith gwybyddol sy'n cadw dy feddwl yn brysur o hyd yn amrywio o baratoi prydau bwyd a chylchoedd golchi dillad i drefnu gofal plant. Mae'r tasgau di-nod yr olwg hyn yn aml yn cael eu hanwybyddu, hyd yn oed gan y rhiant sy'n eu gwneud nhw, ac mae hynny'n creu gwrthdaro. Gyda'ch gilydd, enwch yr holl dasgau gwybyddol sydd angen eu gwneud, heb feio.

Diffinio system

Meddylia ymlaen llaw beth byddet ti'n hoffi ei gael o'r trafodaethau. Gofyn i ti dy hun: "Beth sydd ei angen arna i – ai mwy o gefnogaeth? Mwy o amser i fi fy hun? Teimlad ein bod ni'n dîm?" Nesaf, ewch ati i greu system gyffredin i sicrhau'r cynhyrchiant gorau a rhannwch y gwaith domestig yn deg.

Cynllunio pwy sy'n gwneud beth

Nodwch yr holl dasgau mae angen eu gwneud mewn rhestr neu daenlen, gan nodi beth sydd ynghlwm wrth y gwaith (rhagweld anghenion, nodi opsiynau i ddiwallu'r anghenion hynny, gwneud penderfyniadau a monitro cynnydd). O ganlyniad, os yw un partner yn gyfrifol am wneud y siopa bwyd wythnosol, fe fyddan nhw'n perchnogi'r holl gamau sy'n rhan o hynny, megis cadw llygad ar unrhyw nwyddau sydd angen eu prynu o'r newydd.

Ymdopi â bod ar wahân

Gall cael dy fabi i setlo mewn lleoliad gofal plant newydd a ffarwelio deimlo'n dorcalonnus ar y dechrau. Gall meddwl am y peth fel proses sydd o fudd i'r naill a'r llall ohonoch, a'i ddychmygu fel profiad cadarnhaol, liniaru'r gwahanu.

1

Ystyria'r pontio hwn fel proses ddatblygiadol gwbl normal sy'n ymwneud ag ymlyniad. Fel mam, rwyt ti'n cynnig sylfaen ddiogel i dy fabi. Mae dy ofal sensitif a chariadus yn ei annog i archwilio'r byd. Dros amser, bydd dy fabi'n dysgu ei fod yn unigolyn ar wahân i ti, a phan wyt ti'n gadael, dy fod ti bob amser yn dod yn ôl. Gyda chefnogaeth, fe fydd dy fabi yn teimlo'n ddigon diogel i ymddiried mewn oedolyn gofalgar arall.

2

Dychmyga dy hun yn mynd gyda dy fabi i'r feithrinfa neu at warchodwr plant yn ystod ei gyfnod o ymgynefino, gan aros yno ar y dechrau.

3

Dychmyga ddiwrnod llawn cyntaf dy fabi yn derbyn gofal. Dychmyga ti a dy fabi'n cofleidio y bore hwnnw. Pan fyddi di'n gadael, mae'r ffarwelio yn fyr a melys. Fe fydd dy fabi yn synhwyro dy hyder wrth ei adael – ac fe fydd hynny'n lleddfu ei orbryder. Rwyt ti'n deall bod hyn yn teimlo'n drist (i chi'ch dau). Ar ôl hynny, dychmyga sut gallet ti fod yn teimlo – gad i dy hun grio a cheisia dawelu dy hun.

4

Dychmyga'r aduniad gyda dy fabi, a'i gofleidio. Myfyria ar fanteision y newid hwn i ti a dy fabi – gan roi amser i ti ailgysylltu â hunaniaethau eraill, sydd mor bwysig i dy ymdeimlad ohonot ti dy hun.

5

Mae'n syniad ymarfer adegau eraill o wahanu. Pryd bynnag fyddi di'n gadael dy fabi, waeth pa mor fyr fydd y cyfnod, ffarwelia a'i atgoffa dy fod ti'n dod yn ôl.

ANADLU A MYFYRIO

Ymdopi ag emosiynau

Wrth i dy fabi droi'n flwydd oed a dechrau blodeuo'n blentyn bach llawn egni, mae angen i ti ei gefnogi i archwilio'r byd gyda chwilfrydedd a llawenydd. Wrth iddo ymdrechu am annibyniaeth, un her gyffredin yw rheoli stormydd emosiynol mewn ffordd ofalgar.

1

Ystyria faint wyt ti wedi'i gyflawni gyda dy fabi – erbyn hyn, mae'n anturiaethwr egnïol sydd wrth ei fodd yn crwydro a mentro yn dy gwmni. Ond sut byddi di'n ymateb pan mae'n troi'n belen sgrechlyd o emosiynau cynhyrfus?

2

Gall gweld dy blentyn yn cynhyrfu sbarduno emosiynau cryf ynot ti, ynghyd ag ofnau fod pobl eraill yn dy farnu di, megis: "Beth mae rhieni eraill yn ei feddwl?" neu "Dydw i ddim yn gallu ymdopi ...".

3

I ddechrau, defnyddia dy anadl i dawelu dy hun a phylu credoau sy'n seiliedig ar ofn. Anadla'n ddwfn: i mewn wrth gyfrif i dri, ac allan wrth gyfrif i chwech.

4

Dychmyga dy hun, yn gadarn fel coeden dderw, wedi dy wreiddio gyda dy fabi. Cofia nad yw rhieni eraill yn dy farnu di – maen nhw'n meddwl "Druan â hi. Dwi wedi bod drwy'r un peth yn union!"

5

Ar ôl tawelu dy hun, canolbwyntia ar dy blentyn. Mae angen cydnabod, enwi a dilysu ei deimladau cythryblus. Plyga i lawr i lefel y bychan a'i gysuro.

6

Cofia fod angen cynnal ffiniau weithiau a gwneud dim byd mwy nag eistedd yno gyda gofid dy blentyn a dy anghysur dy hun.

7

Pan fydd popeth drosodd, bydd dyner gyda ti dy hun. Sefydloga dy hun o'r newydd drwy fyfyrio, gwrando ar gerddoriaeth neu ffonio ffrind. Bydda'n raslon gyda ti dy hun. Dydy gwneud hynny ddim yn hawdd, ond rwyt ti'n helpu dy blentyn i ddeall yr emosiynau amrywiol mae'n eu profi. Ar yr un pryd, rwyt ti'n dysgu cymaint am dy emosiynau dy hun. Mae angen i ti deimlo'n falch.

IOGA

Ymarfer ac ystum

Mae ioga yn uno'r anadl, y corff a'r meddwl. Waeth a wyt ti'n neilltuo 10 munud neu hanner awr ar gyfer ymestyn tyner a thawelwch meddyliol, mae angen i ti adael i dy feddwl arsylwi dy anadl wrth i ti adfer, rhyddhau a bywiocáu.

Gall magu plant wneud i ni deimlo wedi'n cau allan o'n gofod corfforol a meddyliol. Mae'n bosib dy fod ti'n teimlo nad wyt ti byth yn gallu cwblhau'r rhestr yna o bethau i'w gwneud: hen dro nad wyt ti'n gallu rhoi tic gyferbyn â phopeth sydd arni. Mae ioga yn atgof pwerus i ni ganolbwyntio ar y daith ei hun yn hytrach nag ar ben draw'r daith. Sylwa ar dy anadl wrth iddo fynd a dod, gan gyflwyno dy sylw i dy gorff. Mae rhoi amser i ti dy hun oedi yn dy alluogi i wrando ar yr hyn sy'n digwydd yn fewnol. Pa deimladau a synwyriadau wyt ti'n ymwybodol ohonyn nhw? Mae angen mabwysiadu safbwynt arsylwi ... a gwneud dim byd mwy na sylwi.

"Trefna amser i ti dy hun,
gan atgoffa dy hun o'r mantra:
dwi'n deilwng o'r gofod hwn."

CADWYN 30 MUNUD

Dal ati i wrando ar dy gorff, trin dy hun yn dyner, a phontio'n ofalus rhwng pob ystum. Os wyt ti eisiau, defnyddia bethau i dy helpu di i ymlacio, fel llosgi cannwyll bersawrus a chwarae cerddoriaeth gefndir.

01

YSTUM Y PLENTYN DYNAMIG

Ar dy benliniau, gad i ran uchaf dy gorff blygu ymlaen dros dy gluniau. Gorffwys dy ben ar floc. Ymestyn dy freichiau allan o dy flaen, led ysgwydd ar wahân. Anadla'n gyfforddus, ymestyn dy freichiau, a thynna asgwrn y gynffon am yn ôl. Ar bob anadl allan, dychmyga ymestyn i'r ddau gyfeiriad. Dalia'r ystum cyhyd ag y mae'n teimlo'n gyfforddus.

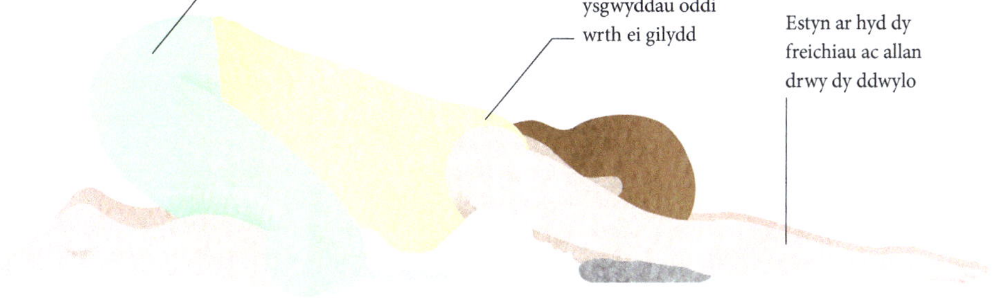

02

PLANC UN GOES

Dyma ffordd dyner o ddechrau ymgysylltu â dy gyhyrau craidd. Pontia i'r ystum pen bwrdd: pengliniau ar wahân, dwylo yn syth o dan dy ysgwyddau. Pwysa dy ddwylo i'r llawr ac ymgysyllta'n dyner â llawr dy belfis. Estyn un goes yn ôl a chau bysedd dy draed. Anadla i mewn ac, wrth i ti anadlu allan, dalia dy belfis yn llonydd a gwthio drwy dy sawdl ôl. Cyflwyna dy sylw at dy anadl, ymgysyllta â llawr dy belfis yn dyner a'i ddal am ambell anadliad. Symuda'n ôl i'r ystum pen bwrdd ac ailadrodd yr ymarfer gyda'r goes arall. Pan fyddi di'n gyfforddus, pontia i blanc llawn, gan ymestyn un goes yn ôl ac yna'r llall.

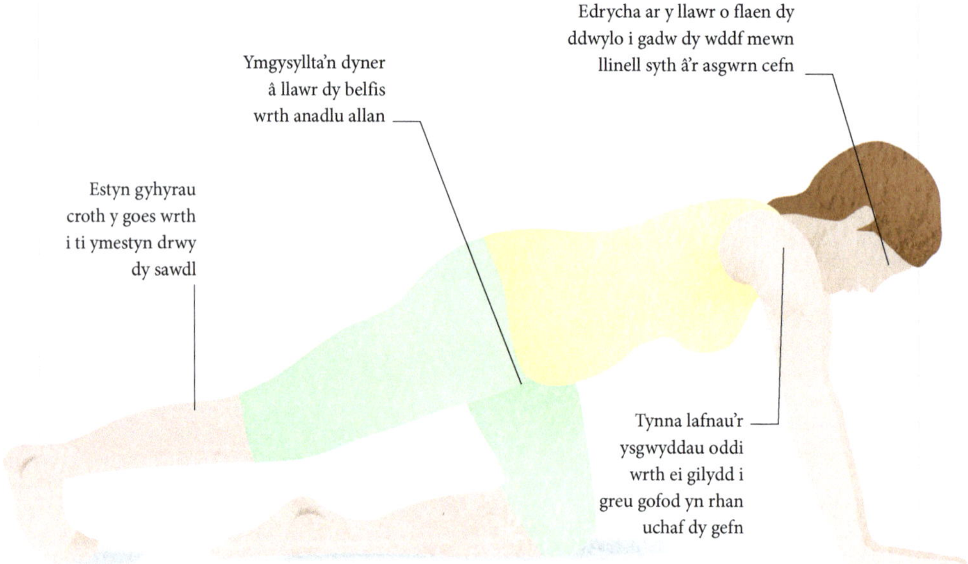

03

YMWTHIAD O'R PENGLINIAU

Mae'r ymarfer hwn yn canolbwyntio ar gryfder rhan uchaf y corff a'r cryfder craidd, a fydd yn helpu wrth gario dy fabi. O'r ystum Pen Bwrdd, tynna dy gorff ymlaen yn dyner, gan ddod â dy ysgwyddau ychydig heibio dy arddyrnau. Plyga dy ddau benelin a dechrau gostwng dy frest tuag at y gofod rhwng dy ddwylo, ond paid â mynd i lawr ymhellach os yw'n teimlo'n anghyfforddus. Ar y dechrau, mae'n bosib na fydd modd i ti symud i lawr yn bell iawn. Dalia'r ystum am gyfnod byr, cyn cofleidio dy fol tuag at waelod dy gefn a gwthio i fyny i sythu dy freichiau a dychwelyd i'r ystum pen bwrdd. Ailadrodda'r symudiad dair i bum gwaith, os yw hynny'n gyfforddus.

YMGYSYLLTU Â DY FABI

Os wyt ti eisiau, rho dy fabi yn agos er mwyn iddo allu dy wylio di; fe elli di hefyd roi cusan iddo cyn i ti ymwthio am i fyny.

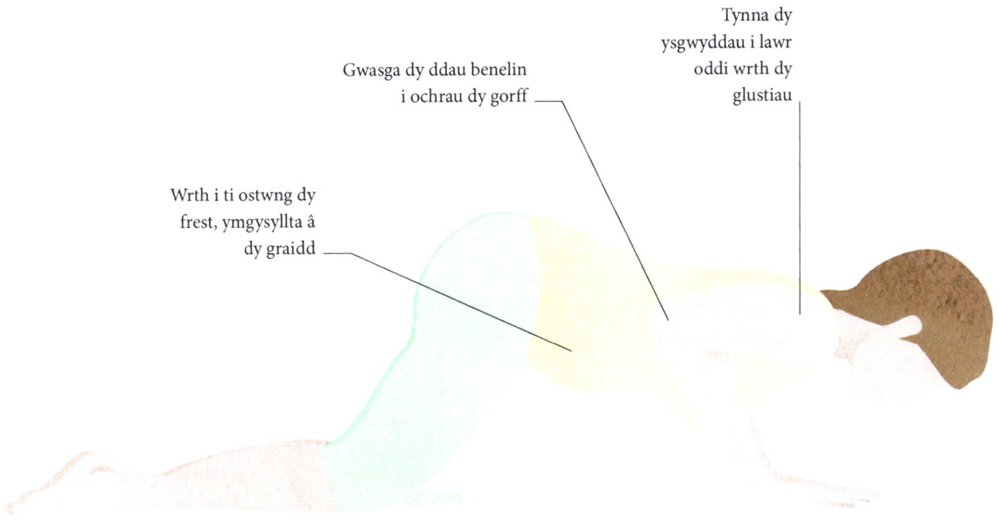

04

Y SFFINCS

Gorwedd ar dy stumog ac estyn dy goesau yn ôl, gan eu cadw'n syth ac ar y llawr. Rho dy ddau benelin yn syth o dan dy ysgwyddau ac ymestyn blaen dy freichiau ar y llawr o dy flaen. Coda dy frest a dy ben i fyny. Anadla'n gyfforddus. Ar yr anadl allan, ymgysyllta'n dyner â chyhyrau llawr y pelfis. Sefydloga'r pelfis a thop dy draed i'r llawr wrth i ti dynnu ardal y galon ymlaen. Dalia'r ystum am hyd at 1 munud os wyt ti'n gyfforddus. Ailadrodda hyn hyd at dair gwaith.

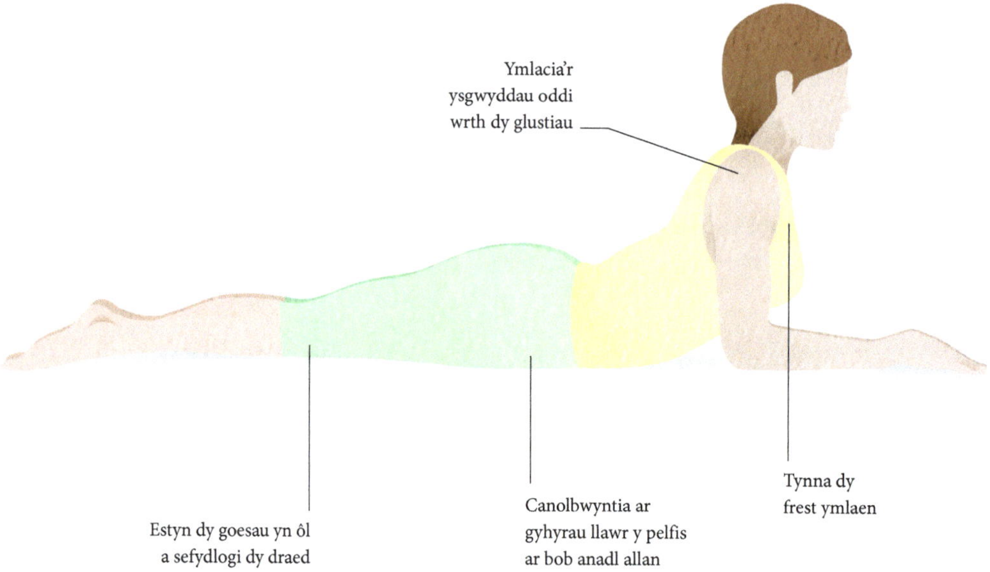

05

Y PLANC PENELIN

O ystum y Sffincs, pletha dy fysedd ac edrych tuag at dy ddwylo. Caea fysedd dy draed ac yn dyner, ymgysyllta â llawr dy belfis a dy fol. Os wyt ti'n gyfforddus, tynna'n ôl drwy dy sodlau, gan ganiatáu i dy fol, y pelfis a'r cluniau godi oddi ar y llawr, ond gan eu cadw'n gyfochrog â'r llawr. Anadla'n gyfforddus am 3–5 anadl. Pan wyt ti'n barod, gostwng dy gluniau a gorffwys yn ystum y Sffincs. Ailadrodda hyn ddwy i dair gwaith, cyn sefyll i fyny yn ofalus.

YMARFER CALED

Paid ag ymdrechu i wneud y planc penelin hwn os nad oes modd i ti anadlu'n gyfforddus wrth ddal yr ystum.

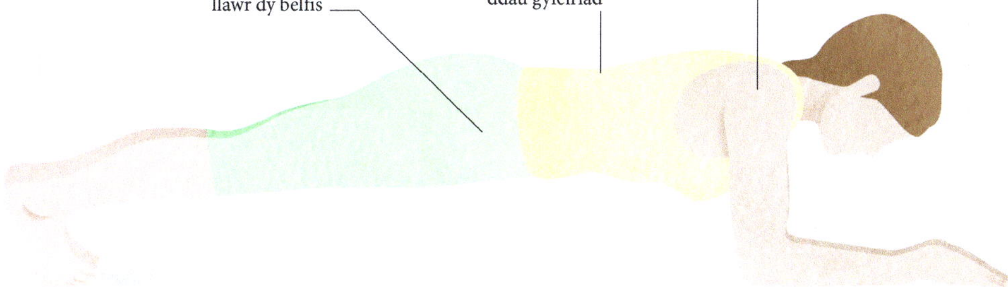

"Mae'r ystum hwn yn tynhau ac yn atgyfnerthu cyhyrau craidd y corff."

06

YSTUM Y GOEDEN

Safa yn ystum y Mynydd gan ddod o hyd i bwynt ffocws o dy flaen er mwyn sefydlogi dy hun. Gad i dy bwysau siglo ar dy droed dde ac yna cylchdroi ochr allan dy goes chwith, a gad i dy ben-glin agor allan. Rho dy droed chwith i orffwys ar ran fewnol dy goes dde. Gwasga yn erbyn y goes sy'n dy gynnal di. Defnyddia lawr dy belfis ac ymestyn dy freichiau i fyny i'r awyr. Anadla'n gyfforddus a dal dy anadl cyhyd ag y bo'n gyfforddus, yna gwna'r un peth yr ochr arall.

07

YSTUM Y RHYFELWR

O ystum y Mynydd, llithra dy droed dde yn ôl cyn belled â phosib wrth gadw dy gydbwysedd. Plyga dy ben-glin chwith tuag at y gofod dros dy ffêr chwith. Cadwa'r pelfis yn sgwâr, ymestyn dy droed dde drwy dy sawdl a defnyddia boch dde dy ben-ôl i gadw dy hun yn sefydlog. Cwyd dy freichiau i fyny i'r awyr. Anadla'n gyfforddus am 5 anadl, yna estyn dy freichiau ymlaen a defnyddia gryfder dy goes flaen i ddod â dy goes ôl ymlaen. Gwna'r un fath yr ochr arall.

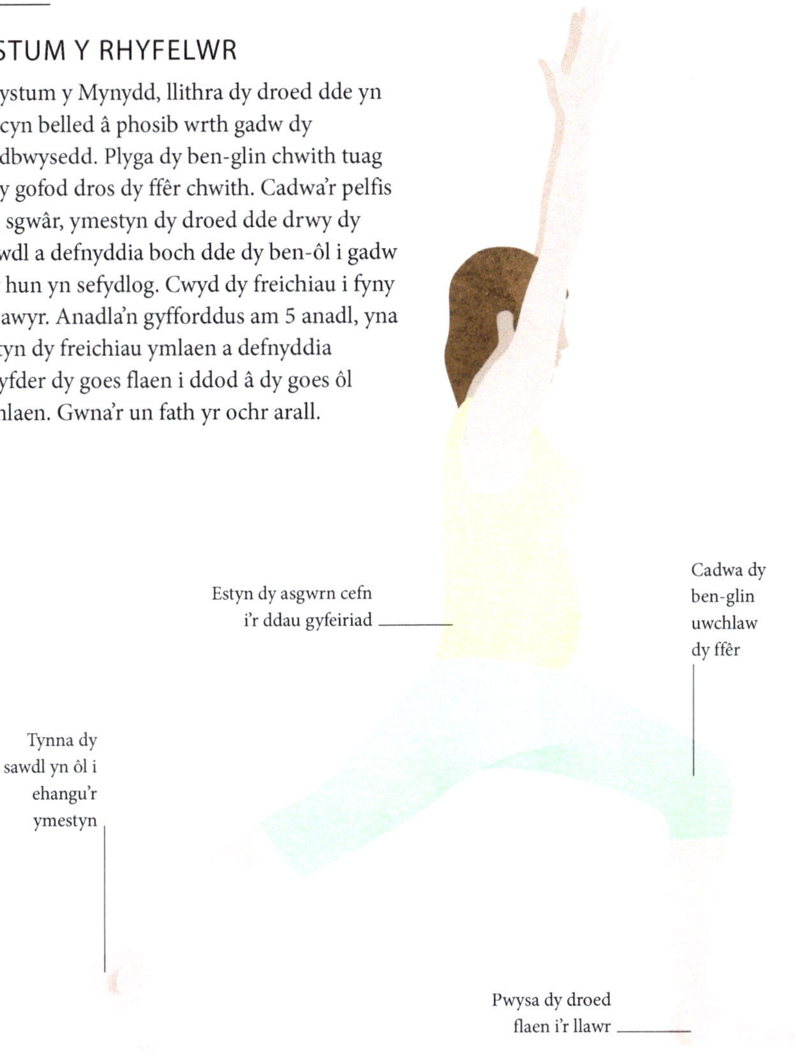

08

TROAD GORWEDDOG

Gorwedd ar dy gefn a thynna dy bengliniau i fyny at dy frest. Sigla'n araf o un ochr i'r llall, gan fwynhau'r tylino tyner ar ran isaf dy gefn. Pan fyddi di'n barod, gad i dy ddau ben-glin ddisgyn i'r dde, gan eu codi tuag at dy frest a gorffwys dy fraich dde ar dy ben-glin. Anadla'n gyfforddus a gad i dy fraich chwith estyn allan i'r ochr ac yn groeslinol wrth ymestyn o flaen dy frest a dy gesail. Gad i dy ben orffwys yn gyfforddus, gan droi i wynebu'r un cyfeiriad â dy fraich estynedig os wyt ti eisiau. Dal am 5–10 anadl. Gwna'r un fath yr ochr arall.

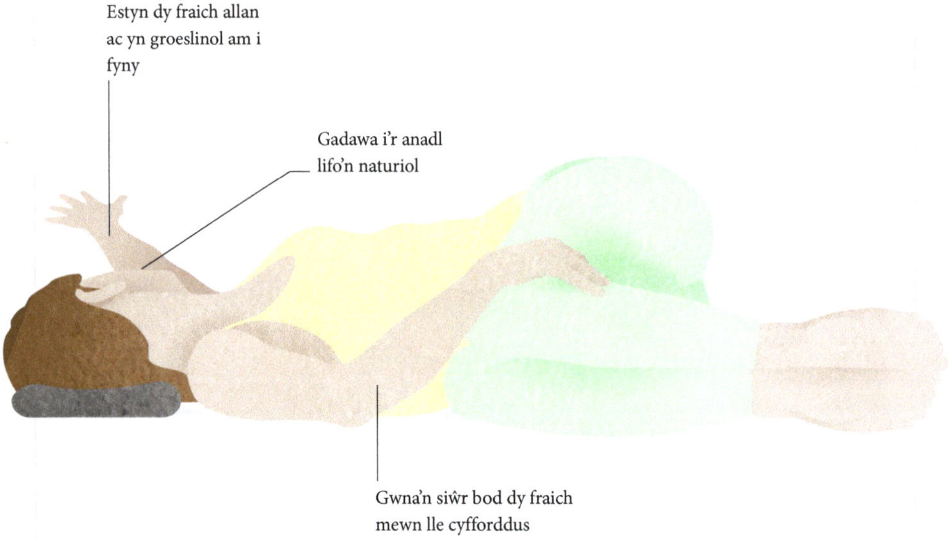

09

YSTUM ADFEROL

Rho ychydig o obenyddion (neu obennydd hir) mewn pentwr ar y llawr ac eistedda gyda gwaelod dy gefn yn erbyn eu hochr fer. Gorwedd yn araf ar hyd y gobennydd, gan ddefnyddio dy freichiau i helpu, fel bod dy gefn yn cael ei gynnal ac yn teimlo'n gyfforddus. Ychwanega rywbeth i gynnal dy ben hefyd, yn ôl yr angen. Ar ôl setlo, gad i dy freichiau ymlacio wrth ochr dy gorff, gyda dy goesau yn ymestyn tuag allan. Anadla'n gyfforddus a mwynha'r ystum hamddenol hwn am hyd at 15 munud neu cyhyd y bo'n teimlo'n gyfforddus.

YSTUM AGORIADOL

Mae'r ystum gorffwys hwn yn caniatáu i gefn dy gorff ymlacio ac i flaen dy gorff agor.

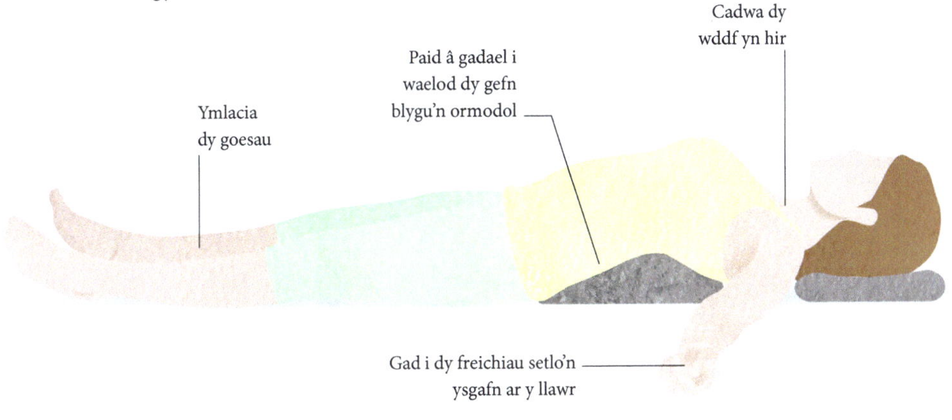

"Oeda i orffwys. Gyda phob anadl allan, ymlacia, ymryddha gan ollwng dy afael."

FFYNONELLAU CYMORTH

Paid ag oedi cyn holi am gymorth, oherwydd gall pethau ddirywio'n gyflym. Am gymorth brys, dos i dy adran Damweiniau ac Achosion Brys lleol; ffonia 999; gwna apwyntiad brys gyda meddyg teulu; cysyllta a dy dîm argyfwng lleol; neu ffonia'r Samariaid neu linell gymorth berthnasol.

Cymorth cyn geni ac ôl-enedigol

Mumsnet
www.mumsnet.com

NCT
www.nct.org.uk; 0300 330 0700

Netmums
www.netmums.com

Y GIG
www.gig.cymru

PANDAS
www.pandasfoundation.org.uk; 0808 1961 776

Y Samariaid
www.samaritans.org/cymru/samaritans-cymru; 116 123

Cymorth trawma geni

Birth Trauma Association
www.birthtraumaassociation.org.uk

Make Birth Better
www.makebirthbetter.org

MASIC (cefnogi menywod sydd wedi cael eu hanafu wrth roi genedigaeth)
www.masic.org.uk

Cymorth seicolegol

Os bydd unrhyw agwedd ar gynnwys y llyfr hwn yn sbarduno emosiynau cryf, cofia siarad â rhywun cefnogol. Os wyt ti'n cael trafferth emosiynol, mae'n bosib i dy feddyg teulu dy gyfeirio at wasanaeth seicoleg lleol y GIG os yw hynny'n briodol, a rhoi cyngor i ti am grwpiau hunangymorth lleol ac elusennau iechyd meddwl sy'n cynnig cefnogaeth.

Os hoffet fanteisio ar therapi siarad preifat, a dy fod yn gallu fforddio gwneud hynny, dechreua gyda'r British Association for Counselling and Psychotherapy (www.bacp.co.uk), y British Psychological Society (www.bps.org.uk), neu'r UK Council for Psychotherapy (www.psychotherapy.org.uk).

Action on Postpartum Psychosis
www.app-network.org; 020 3322 9900

Association for Postnatal Illness
www.apni.org; 0207 386 0868

www.drcarolineboyd.com/infant-related-harm-thoughts (meddyliau ymwthiol digroeso)

Maternal OCD
www.maternalocd.org

Coleg Brenhinol y Seiciatryddion
www.rcpsych.ac.uk/mental-health

SANDS (elusen marw-enedigaethau a marwolaethau'r newydd-anedig)
www.sands.org.uk

Cymorth gyda bwydo ar y fron

www.kellymom.com

Cynghrair La Leche
www.laleche.org.uk; 0345 120 2918

ADNODDAU DEFNYDDIOL

Tylino ac ioga babanod

International Association of Infant Massage
www.iaim.org.uk

Ioga
www.stretchingpeople.co.uk

Ioga babanod
www.yogababies.co.uk

Ioga nidra
www.yoganidranetwork.org

Tosturi ac ymwybyddiaeth ofalgar

Calm; Clementine; Headspace (apiau)

www.compassionatemind.co.uk

www.coherentbreathing.org

www.self-compassion.org

www.tarabrach.com/guided-meditations

Cwmpasu a dwyochredd

www.solihullapproachparenting.com

Llyfrau a argymhellir

M. Cree, *The Compassionate Mind Approach to Postnatal Depression: Using Compassion Focused Therapy to Enhance Mood, Confidence and Bonding*, Robinson (2015).

P. Gilbert, *The Compassionate Mind*, Robinson (2009).

J. Kabat-Zinn a M. Kabat-Zinn, *Everyday Blessings: Mindfulness for Parents*, Piatkus (2014).

CYFRES DARLLEN YN WELL

Cooper, Dr Jenn, *Sut i Helpu Rhywun ag Iselder Ôl-enedigol*, Graffeg (2025)

Cree, Michelle, *Ymdrin ag Iselder Ôl-enedigol a Meddwl Tosturiol*, Atebol (2020)

Foster, Clare, *Sut i Helpu Rhywun ar ôl Colli Babi*, Graffeg (2025)

Jolin, Lucy, *Ymdopi â Thrawma Geni ac Iselder Ôl-enedigol*, Atebol (2025)

Rose, Amy & Dr Emma Cotterill, *Goroesi fel Mam Sengl*, Graffeg (2025)

Williams, Mark & Danny Penman, *Meddylgarwch – Canllaw Ymarferol i Ganfod Heddwch Mewn Byd Gorffwyll*, Y Lolfa (2020)

Williams, Rhiannon Heledd (gol.), *Darn Bach o'r Haul*, Gwasg y Bwthyn (2023)

CYFEIRIADAU

Cyffredinol

N. Bardacke, *Mindful Birthing: Training the Mind, Body, and Heart for Childbirth and Beyond*, HarperCollins (2012).

M. Cree, *The Compassionate Mind Approach to Postnatal Depression: Using Compassion Focused Therapy to Enhance Mood, Confidence and Bonding*, Robinson (2015).

P. Gilbert, *The Compassionate Mind*, Robinson (2009).

R. Harris, *The Happiness Trap: Stop Struggling, Start Living*, Robinson (2011).

J. Kabat-Zinn a M. Kabat-Zinn, *Everyday Blessings: Mindfulness for Parents*, Piatkus (2014).

A. Mathur, *Mind Over Mother*, Piatkus (2020).

P. Nicolson, *Postnatal Depression: Facing the Paradox of Loss, Happiness and Motherhood*, Wiley-Blackwell (2001).

O. Serrallach, *The Postnatal Depletion Cure: A Complete Guide to Rebuilding Your Health and Reclaiming Your Energy for Mothers of Newborns, Toddlers and Young Children*, Sphere (2018).

N. Stadlen, *What Mothers Do: Especially When It Looks Like Nothing*, Piatkus (2004).

J. Ussher, *Managing the Monstrous Feminine: Regulating the Reproductive Body*, Routledge (2006).

K. Whittingham, *Becoming Mum*, Pivotal Publishing (2015).

Y Gwasanaeth Iechyd Gwladol, "The Solihull Approach", NHS Solihull Approach [tudalen we], www.solihullapproachparenting.com (cyrchwyd Mai-Awst 2021).

Tudalen 10

J. Kabat-Zinn, "Mindfulness-based Interventions in Context: Past, Present, and Future", *Clinical Psychology: Science and Practice* 10, rhif 2 (2003), tudalennau 144–156.

Tudalen 12

E. S. Potharst et al., "Mindful With Your Baby: Feasibility, Acceptability, and Effects of a Mindful Parenting Group Training for Mothers and Their Babies in a Mental Health Context", *Mindfulness* 8 (2017), tudalennau 1236–1250.

C. C. Turpyn et al., "Affective Neural Mechanisms of a Parenting-focused Mindfulness Intervention", *Mindfulness* 12 (2021), tudalennau 392–404.

Tudalen 14

E. Hoekzema et al., "Pregnancy Leads to Long-lasting Changes in Human Brain Structure", *Nature Neuroscience* 20 (2017), tudalennau 287–296.

D. Raphael, "Matrescence, Becoming a Mother, A 'New/Old' Rite de Passage", *Being Female*, De Gruyter Mouton (2011), tudalennau 65–72.

A. Sacks, "A New Way to Think about the Transition to Motherhood", TED [fideo ar-lein], Mai 2018, www.ted.com/talks/alexandra_sacks_a_new_way_to_think_about_the_transition_to_motherhood/.

Tudalen 16

P. Choi et al., "Supermum, Superwife, Supereverything: Performing Femininity in the Transition to Motherhood", *Journal of Reproductive and Infant Psychology* 23, rhif 2 (2005), tudalennau 167–180.

K. Russell et al., *Maternal Mental Health – Women's Voices*, Royal College of Obstetricians and Gynaecologists (2017).

Tudalennau 17 a 113

D. W. Winnicott, *Playing and Reality*, Tavistock Publications (1971).

Tudalennau 20–21
P. Fonagy ac E. Allison, "What is Mentalization? The Concept and its Foundations in Developmental Research", *Minding the Child*, Routledge (2013), tudalennau 25–48.

Y model tri chylch wedi'i addasu o waith P. Gilbert, *The Compassionate Mind*, Robinson (2009). Gyda chaniatâd Little, Brown Book Group Ltd.

P. Gilbert, "The Origins and Nature of Compassion Focused Therapy", *British Journal of Clinical Psychology* 53, rhif 1 (2014), tudalennau 6–41.

Tudalen 23
K. Le Nguyen et al., "Loving-kindness Meditation Slows Biological Aging in Novices: Evidence from a 12-week Randomized Controlled Trial", *Psychoneuroendocrinology* 108 (2019), tudalennau 20–27.

Tudalennau 23 a 27
B. Hölzel et al., "Mindfulness Practice Leads to Increases in Regional Brain Gray Matter Density", *Psychiatry Research: Neuroimaging* 191, rhif 1 (2011), tudalennau 36–43.

Tudalen 27
M. J. Schroevers et al., "Is Learning Mindfulness Associated with Improved Affect After Mindfulness-based Cognitive Therapy?", *British Journal of Psychology* 101, rhif 1 (2010), tudalennau 95–107.

M. Williams et al., *Mindfulness: A Practical Guide to Finding Peace in a Frantic World*, Piatkus (2011). [Williams, Mark & Danny Penman, *Meddylgarwch – Canllaw Ymarferol i Ganfod Heddwch Mewn Byd Gorffwyll*, Y Lolfa (2020)]

Tudalen 33
B. Knechtle et al., "Cold Water Swimming-Benefits and Risks: A Narrative Review", *International Journal of Environmental Research and Public Health* 17, rhif 23 (2020).

Tudalen 34
R. Bragg et al., "Ecominds: Effects on Mental Wellbeing", *Mind* (2013), tudalennau 1–112.

A. McGeeney, *With Nature in Mind: The Ecotherapy Manual for Mental Health Professionals*, Jessica Kingsley Publishers (2016).

Tudalen 35
T. Field, "Infant Massage Therapy Research Review", *Clinical Research in Pediatrics* 1, rhif 2 (2018), tudalennau 1–9.

Tudalennau 36–9
C. L. Dennis et al., "Traditional Postpartum Practices and Rituals: A Qualitative Systematic Review", *Women's Health* 3, rhif 4 (2007), tudalennau 487–502.

Tudalen 44
K. M. Robson a R. Kumar, "Delayed Onset of Maternal Affection after Childbirth", *The British Journal of Psychiatry* 136, rhif 4 (1980), tudalennau 347–353.

Tudalen 46
W. Hollway, "Rereading Winnicott's 'Primary Maternal Preoccupation'", *Feminism and Psychology* 22, rhif 1 (2012), tudalennau 20–40.

Tudalen 67
R. E. Moore et al., "Early Skin-to-skin Contact for Mothers and their Healthy Newborn Infants", *Cochrane Database of Systematic Reviews* 11 (2016).

Tudalen 68
D. Daws, "A Child Psychotherapist in the Baby Clinic of a General Practice", *Reflecting on Reality: Psychotherapists at Work in Primary Care*, Routledge (2005), tudalennau 18–36.

Tudalen 71
NICE, "Antenatal and Postnatal Mental Health: Clinical Management and Service guidance" Canllawiau NICE [tudalen we], Canllaw 1 Argymhellion (2014), https://www.nice.org.uk/guidance/cg192/chapter/1-recommendations (cyrchwyd Mai-Awst 2021).

Tudalen 110
N. K. Law et al., "Common Negative Thoughts in Early Motherhood and Their Relationship to Guilt, Shame and Depression", *Journal of Child and Family Studies* 30 (2021), tudalennau 1–15.

Tudalen 113
E. Z. Tronick, "Emotions and Emotional Communication in Infants", *American Psychologist* 44, rhif 2 (1989), tudalennau 112–119.

Tudalen 125
N. Jones, "Babies' Musical Memories Formed in Womb", *New Scientist* [erthygl ar-lein], Gorffennaf 2001, www.newscientist.com/article/dn994-babies-musical-memories-formed-in-womb (cyrchwyd Mai-Awst 2021).

Tudalennau 136–37
Ymarfer wedi'i addasu o waith K. Whittingham, *Becoming Mum*, Pivotal Publishing (2015).

Tudalen 149
C. Boyd a K. Gannon, "How Do New/recent Mothers Experience Unwanted Thoughts of Harm Related to their Newborn? A Thematic Analysis", *Journal of Reproductive and Infant Psychology* 37, rhif 5 (2019).

N. Fairbrother, "Perinatal Obsessive-compulsive Disorder and Infant-related Harm Thoughts: Prevalence and Relation to Infant Safety." Academic Perinatology Rounds, BC Women's Hospital and Health Centre, Vancouver, BC; Cyflwynydd. Mehefin 2021.

Tudalen 151
S. Fraiberg et al., "Ghosts in the Nursery: A Psychoanalytic Approach to the Problems of Impaired Infant-mother Relationships", *Journal of the American Academy of Child Psychiatry* 14, rhif 3 (1975), tudalennau 387–422.

Tudalen 160
B. Elliott, "The 9 Best Foods and Drinks to Have Before Bed", *Healthline* [web article], Awst 2020, https://www.healthline.com/nutrition/9-foods-to-help-you-sleep (cyrchwyd Mai-Awst 2021).

Tudalennau 162–3
Ymarfer wedi'i addasu o waith R. Harris, *ACT Made Simple*, New Harbinger Publications, Inc. (2009); a S. Hayes a S. Smith, *Get Out of Your Mind and into Your Life*, New Harbinger Publications, Inc. (2005).

Tudalen 165
S. M. Chang et al., "Effects of an Intervention with Drinking Chamomile Tea on Sleep Quality and Depression in Sleep Disturbed Postnatal Women: A Randomized Controlled Trial", *Journal of Advanced Nursing 72*, rhif 2 (2016), tudalennau 306–315.

Tudalen 173
Ymarfer wedi'i addasu o waith T. Brach, "RAIN: Recognize, Allow, Investigate, Nurture", T. Brach [tudalen we], www.tarabrach.com/rain (cyrchwyd Mai-Awst 2021).

Tudalennau 187 a 199
A. Daminger, "The Cognitive Dimension of Household Labor", *American Sociological Review* 84, rhif 4 (2019), tudalennau 609–633.

A. McMunn et al., "Gender Divisions of Paid and Unpaid Work in Contemporary UK Couples", *Work, Employment and Society* 34, rhif 2 (2019), tudalennau 155–173.

Tudalen 191
G. J. Privitera et al., "Proximity and Visibility of Fruits and Vegetables Influence Intake in a Kitchen Setting Among College Students", *Environment and Behavior* (2012).

Tudalen 195
The Gottman Institute [tudalen we] www.gottman.com (cyrchwyd Mai-Awst 2021).

Tudalen 198
E. Rodsky, *Fair Play: A Game-changing Solution for When You Have Too Much to Do (and More Life to Live)*, Quercus (2019).

I gyrchu'r rhestr gyfan o ddeunydd crai, astudiaethau ac ymchwil sy'n ategu testun y llyfr hwn, ewch i: www.dk.com/mnm-biblio

MYNEGAI

DIOLCHIADAU

Gan yr Awdur
Mae geni'r 'babi' hwn wedi bod yn fraint, ac wedi gwneud i fi ail-wreiddio fy hun bob dydd (weithiau, bob awr). Dwi wedi ceisio aros yn ofalgar ar hyd y daith – ond yn ofalgar amherffaith, wrth gwrs! Gyda diolch cariadus i Laurie, fy ngŵr, fy nghyd-deithiwr, fy narllenwr amyneddgar. I'r plant, Isla a Reuben – y nhw ysgogodd fy ngwaith ymchwil doethurol, a'r llyfr hwn. Mae eich cariad a'ch ysbryd yn fy sadio i bob dydd. Diolch hefyd i fy rhieni a fy rhieni yng nghyfraith, am eich anogaeth a'ch caredigrwydd, ac yn arbennig i fy niweddar dad am fy nghyflwyno i fyfyrio 25 mlynedd yn ôl.

Mae angen pentref cyfan i fagu plentyn, ac mae'r un peth yn wir am ysgrifennu llyfr am fagu plant hefyd. Diolch i Claire Wedderburn-Maxwell am ei harweiniad golygyddol brwd ac ystyriol, ac i Dawn Henderson am ei ffydd. I dîm DK am weithio mor galed i greu llyfr mor hyfryd, gyda'r gobaith y bydd yn cysuro ac yn angori mamau newydd. Diolch i fy ngoruchwylydd hyfryd, Dr Sara Anderson, am dy ddoethineb, dy adborth ac am dy natur gyson bwyllog. I'r athrawes ioga wych, Sunnah Rose, am roi mor hael o'i hamser a'i harbenigedd.

Diolch o galon i'm therapydd, AG, i Dr Faye Nicomachus, Nicola Jacyna, Sarah Rowe a Helen Sharples am eich cyngor a'ch cefnogaeth ddoeth, ac i Sharon Lee Plaskett a Dr Rebecca Moore am eich awgrymiadau a'ch arweiniad amhrisiadwy. Diolch enfawr i Jay Ehrlich; y deietegydd cofrestredig Nichola Ludlam-Raine; Anya Hayes, awdur *The Supermum Myth* a *Postnatal Pilates*; y therapydd tylino Hannah Johnson; y maethegydd Thalia Pellegrini; a'r athrawes ioga nidra Sara Johnson, am rannu eich doethineb, eich crebwyll a'ch arbenigedd. Diolch diffuant i *Mothers At Home Matter*, Dr Tina Mistry a Kemi Omijeh am helpu gyda recriwtio, ac i'r mamau sy'n rhannu eu profiadau yn y llyfr hwn mewn ffordd mor bwerus. I gloi, diolch i'r cleientiaid a'r mamau sy'n cysylltu ar Instagram am eu dewrder a'u hysbryd. Rydych chi'n dysgu cymaint i fi. Daliwn ati gyda'r ymdrech i roi hwb i dosturi pob mam.

Gan y Cyhoeddwr
Hoffai DK ddiolch i Jane Ellis am ddarllen y proflenni ac i Hilary Bird am fynegeio.

YMWADIAD

YR AWDUR

Mae gan y seicolegydd clinigol **Dr Caroline Boyd** radd MA yn y clasuron, MSc mewn seicoleg, a doethuriaeth mewn seicoleg glinigol. Mae ganddi dros 10 mlynedd o brofiad yn gweithio yn y GIG a lleoliadau iechyd meddwl, ac mae'n arbenigo ar gefnogi rhieni newydd yn ei phractis seicoleg annibynnol, *Parent Therapy Hub*.

Mae Caroline yn gweithio ar bob agwedd ar y pontio gyda rhieni – o'r beichiogrwydd i'r geni a thu hwnt. Mae'n cofleidio agwedd gyfannol at les, ac mae ei gwaith ymchwil yn archwilio profiadau mamau o feddyliau ymwthiol am eu babanod. Mae Caroline yn annerch cynadleddau, gan gynnwys cynhadledd flynyddol Birth Trauma, ac yn rhannu syniadau am seicoleg ar Instagram, ar ei blog ac mewn podlediadau fel *Motherkind* er mwyn helpu rhieni i deimlo mwy o gysylltiad – â nhw eu hunain ac â'u plant – ac yn llai unig.

Fe allwch chi ddilyn Caroline ar Instagram @_drboyd

Golygydd y Prosiect Claire Wedderburn-Maxwell
Dylunydd y Prosiect Vanessa Hamilton
Uwch-ddylunydd Barbara Zuniga
Uwch-olygydd Dawn Titmus
Golygydd Kiron Gill
Cynorthwyydd Golygyddol Charlotte Beauchamp
Cydlynydd Siaced Lwch Lucy Philpott
Dylunydd Siaced Lwch Amy Cox
Uwch-olygydd Cynhyrchu Tony Phipps
Uwch-reolwr Cynhyrchu Luca Bazzoli
Cymorth Technegol Creadigol Sonia Charbonnier
Rheolwr-olygydd Dawn Henderson
Rheolwr Dylunio Marianne Markham
Cyfarwyddwr Celf Maxine Pedliham
Cyfarwyddwr Cyhoeddi Katie Cowan

Darlunydd Keith Hagan
Ffotograffydd Ruth Jenkinson
Steilydd Propiau Robert Merrett
Steilydd Bwyd Isabel de Cordova

Y fersiwn Saesneg

Cyhoeddwyd gyntaf ym Mhrydain yn 2022 gan Dorling Kindersley Limited DK, One Embassy Gardens, 8 Viaduct Gardens, Llundain, SW11 7BW

Teitl Gwreiddiol: *Mindful New Mum*

Y fersiwn Cymraeg

Addaswyd gan Testun Cyf.
Dyluniwyd gan Owain Hammonds

Cyhoeddwyd gyda chymorth ariannol Cyngor Llyfrau Cymru

ISBN: 978-1-80106-557-3

Argraffwyd a rhwymwyd yn Tsieina

atebol.com

FSC www.fsc.org CYMYSGEDD Papur | Yn cefnogi coedwigaeth gyfrifol FSC® C018179

Cynhyrchwyd y llyfr hwn gyda phapur ardystiedig Forest Stewardship Council™ – un cam bach yn ymrwymiad DK i ddyfodol cynaliadwy. Am ragor o wybodaeth ewch i www.dk.com/our-green-pledge